dtv

»Ich mag mich, so wie ich bin« – mit dieser Einstellung kommen wir gut durchs Leben! Denn so können wir unser Leben genießen, unsere Beziehungen zu Freunden, Familie und Partnern positiv gestalten und im Beruf erfolgreich sein. Wer von der Bestätigung anderer abhängig ist, um sich wertvoll zu fühlen, erlebt ein ständiges Auf und Ab der Gefühle. Daher ist es wichtig, dass wir losgelöst von der Wertschätzung anderer und sogar losgelöst von unseren Leistungen mit uns selbst zufrieden sind.

Mia Törnblom hat viele praktische Übungen entwickelt, mit denen Sie ein positives Selbstwertgefühl trainieren können. Törnblom weiß sehr genau, wovon sie spricht, und vermittelt ihre Botschaft überzeugend und mitreißend.

Mia Törnblom, geboren 1967, wurde mit zwanzig drogensüchtig. Sie hatte ihr Selbstwertgefühl völlig verloren – und schaffte es, es wiederzugewinnen. Das Thema liegt ihr sehr am Herzen und sie möchte ihre Erfahrungen an andere weitergeben. Heute arbeitet sie als Coach und berät Geschäftsleute, Sportler und Schauspieler.

Mia Törnblom

Was bin ich mir wert?

Selbstachtung als Schlüssel zu einem erfüllten Leben

Aus dem Schwedischen
von Sigrid Engeler

Deutscher Taschenbuch Verlag

Deutsche Erstausgabe
April 2008
© Mia Törnblom, 2005
First published by Bokförlaget Forum, Stockholm, Sweden
Published in the German language by arrangement with
Bonnier Group Agency, Stockholm, Sweden
© der deutschsprachigen Ausgabe:
Deutscher Taschenbuch Verlag GmbH & Co. KG, München
www.dtv.de
Das Werk ist urheberrechtlich geschützt.
Sämtliche, auch auszugsweise Verwertungen bleiben vorbehalten.
Umschlagkonzept: Balk & Brumshagen
Umschlagfoto: Elisabeth Ohlson Wallin/minna@minna.se
Satz: Greiner & Reichel, Köln
Gesetzt aus der Meridien 9,6/12,5'
Druck und Bindung: C. H. Beck, Nördlingen
Gedruckt auf säurefreiem, chlorfrei gebleichtem Papier
Printed in Germany · ISBN 978-3-423-34473-9

Inhalt

Vorwort

Am Morgen meines Geburtstags kam der Gefängnispfarrer mit einem Stück Torte auf einem Pappteller zu mir. Ich war gerade neunundzwanzig Jahre alt geworden, saß in Stockholm in Untersuchungshaft und wartete auf den Prozess. Ich fand damals, ich sei ein Pechvogel, Opfer unglücklicher Umstände, falscher Freunde und vor allem unzuverlässiger Männer. Alles kam mir so unwirklich vor – so hatte mein Leben doch nicht werden sollen!

Trotz all dem, was ich getan und erlebt und durchgemacht hatte, tat ich so, als sei mein größtes Problem, dass ich keinen Platz zum Wohnen hatte. Aber das Offensichtliche sah ich nicht: dass ich nämlich gegen alle meine Normen und Werte verstoßen hatte, dass ich meine Familie verraten und meinen Körper mit Drogen ruiniert hatte. Dazu war mein Selbstwertgefühl inzwischen so gering, dass es in Selbstverachtung umgeschlagen war. Allerdings tat ich alles, um zu verbergen, wie wenig ich mich selbst achtete und wie gering mein Selbstwertgefühl war, indem ich verächtlich auf andere Menschen herabsah. Zu diesem Zeitpunkt hatte ich zwar begriffen, dass sich etwas verändern musste, aber dass ich selbst diese Arbeit leisten musste, war mir immer noch nicht klar.

Heute, neun Jahre später, habe ich den wunderbarsten Job der Welt. In meiner Arbeit als Coach für persönliche Entwicklung begegne ich den unterschiedlichsten Persönlichkeiten. Diese Menschen sind häufig an einem Punkt in ihrem Leben angelangt, an dem sie merken, dass eine Veränderung unumgänglich ist. Vielleicht fühlen sie, dass sie persönlich oder beruflich in eine Sackgasse geraten sind oder sonst irgendwie feststecken, vielleicht wollen sie sich einfach entwickeln, wollen weiterkommen. Aber allen gemeinsam ist eine Lebensgeschichte, mit der sie sich erst aussöhnen müssen.

Meine Aufgabe ist es, diese Menschen ein Stück weit auf ihrem Weg zu begleiten, sie in ihrer persönlichen Entwicklung zu stützen und zu ermuntern. Coach für andere zu sein bringt mit sich, diesen Menschen Fragen zu ihrem Leben zu stellen, damit sie zu ihrer eigenen Wahrheit vordringen.

Aber man kann auch allein daran arbeiten, sein Selbstwertgefühl zu stärken und Selbstachtung aufzubauen. In diesem Buch stelle ich die Methode dar, die ich im Laufe der Jahre immer weiterentwickelt und ausgebaut habe und mit der ich praktisch arbeite. Sie als Leser können mit Hilfe der Übungen und unterstützt durch die Beispiele anderer Ihr eigener Coach werden und sein. Ausgangspunkt sind die alltäglichen Situationen, die Sie frustrieren oder verunsichern. Schritt für Schritt wird aufgezeigt, wie sich Hindernisse auf dem Weg zu einem besseren Selbstwertgefühl erkennen lassen und welche Möglichkeiten Sie benutzen können, um sich zu verändern.

Als Coach begleite ich Menschen aus unterschiedlichsten Berufsgruppen und Zusammenhängen. Darunter sind Schauspieler, Profisportler, Journalisten, Kleinunternehmer, Führungskräfte aus den Chefetagen von Wirtschaftsunternehmen und ideellen Organisationen und viele andere mutige Menschen.

Ich hoffe, dass es mir gelingt, Ihnen als Leser dieses Buches Zugang zu Hilfsmitteln aufzuzeigen, mit denen Sie zu einem erfüllteren, angenehmeren und lebendigeren Leben finden.

1 Der Unterschied zwischen Selbstwertgefühl und Selbstvertrauen

Schlägt man das Wort »Selbstvertrauen« im Wörterbuch nach, steht dort Folgendes: »Vertrauen in die eigenen Kräfte, Fähigkeiten«. Das bedeutet mit anderen Worten: Ich glaube zu wissen, dass ich Sachen zuwege bringe, dass ich meine Ziele erreichen kann und so weiter.

Wenn wir das Wort »Selbstwertgefühl« nachschlagen, steht dort »Gefühl für den eigenen Wert«. Das heißt, ich habe ein Bewusstsein von meinem eigenen Wert. Anders ausgedrückt: Wie fühlt es sich an, ich zu sein? Wie viel bin ich in meinen Augen wert? Ähnlich wird die Selbstachtung definiert: als »Achtung, die jemand vor sich selbst hat« oder als das »Gefühl für die eigene menschliche Würde«.

Menschen in meinem Freundeskreis und andere, die ich treffe, hören mich oft von der Bedeutung des Selbstwertgefühls reden. Ich neige dazu, Dinge, die ich gut und wichtig finde, zu wiederholen, und betrachte es ein bisschen als eine Lebensaufgabe, anderen den Unterschied zwischen Selbstwertgefühl und Selbstvertrauen beizubringen. Aber vor allem liegt mir daran, Menschen zu helfen, eigenständig ihr Selbstwertgefühl zu trainieren und zu stärken. Ich benutze dafür viele Beispiele, von mir selbst, von Menschen, die ich getroffen habe, von Menschen, die mich berührt haben, und von Menschen, für die ich da sein durfte.

Warum reicht Selbstvertrauen allein nicht aus?

Ein Mann suchte mich vor einigen Jahren auf, wir können ihn Jonas nennen. Er lud mich zum Mittagessen ein, und bei der Gelegenheit berichtete er, er wolle ein bisschen aufgeheitert werden. Außerdem sollte ich ihn dabei unterstützen, sein Leben vorwärtszubringen. Er hatte gerade erst eine Beziehung beendet, und es fiel ihm nun schwer, *sich selbst* glücklich zu machen. Nachdem wir eine Weile darüber geredet hatten, wie er sich fühlte, gab ich ihm einige einfache Tipps, wie er sein Selbstwertgefühl trainieren könne. Dazu muss man wissen, dass er ein ziemlich bequemer Mann ist, der nicht gern einen Schritt zu viel macht. Und so saß er eine Weile ganz still da und überlegte. Dann meinte er: »Kann man auf das mit dem Selbstwertgefühl nicht einfach pfeifen? Wenn man es nun mal in den Keller gefahren hat, kann man es denn nicht einfach dabei belassen und ohne weitermachen? Das müsste doch auch gehen.« Zuerst dachte ich, was für eine idiotische Frage von einem, den ich für intelligent gehalten habe. Aber dann wurde mir bewusst, dass diese Frage tatsächlich wichtig ist und dass man sie unbedingt beantworten muss.

Die Antwort lautet natürlich NEIN! Wir können nicht auf unser Selbstwertgefühl pfeifen und es zugrunde richten, ohne mit ernsten Konsequenzen rechnen zu müssen. **Selbstwertgefühl und Selbstachtung ist etwas, das wir immer mit uns tragen** – und wenn wir davon viel zu wenig haben, verwandelt es sich in Selbstverachtung.

In meiner Rolle als Vortragende fühle ich mich sicher. Bei dem, was ich leiste, liege ich meistens bei 4 von 5 möglichen Punkten, finde ich. Mir gelingt es, mein Publikum zu berühren, zu inspirieren und zu motivieren, das weiß ich. Lassen Sie uns annehmen, ich hätte nicht daran gearbeitet, mein Selbstwertgefühl zu stärken, und nun kommt mitten während meines Vortrags Marianne zur Tür herein, eine erfahrene Frau im Coachen von Führungskräften. Marianne ist sozusagen 5! Sowohl als Coach wie als Vortragende ist sie außergewöhnlich. Marianne ist Anfang fünfzig und eine sehr gut aussehende Frau.

Wenn ich nicht an meinem Selbstwertgefühl gearbeitet hätte, wäre ich bei ihrem Eintreten ganz abrupt von 4 auf 2 abgestürzt. Und wenn es ganz schlimm gekommen wäre, hätte ich bei minus 1 landen können. Dann hätte ich am liebsten meinen Vortrag abgebrochen und Marianne gebeten, zu übernehmen. Ich hätte mich schnell ins Publikum neben jemand gesetzt, den oder die ich kenne. Nach einer Weile hätte ich dem Bekannten einen Kommentar zugeflüstert, zum Beispiel so: »Marianne ist ja gut, aber wie läuft es eigentlich mit ihrem Mann? Und hast du gemerkt, dass sie manchmal leicht verschwitzt riecht?« Wenn ich mich als »minus 1« fühle, schaffe ich es nicht mehr, eine Person, die eindeutig »5« ist, anzuerkennen, ohne einen Fehler bei ihr zu suchen.

Zu geringes Selbstwertgefühl erscheint leider oft in der Begleitung von Hochmut. Mag ich mich selbst nicht und spüre ich nicht, dass ich gut bin, gerade so, wie ich bin, dann werde ich anfangen, bei anderen nach Fehlern zu suchen. Nicht weil ich ein schlechter Mensch bin, sondern weil wir als Menschen überleben wollen. **Richtig geringes Selbstwertgefühl kippt irgendwann in Selbstverachtung.** Das kann am Ende noch den stärksten Selbsterhaltungstrieb vernichten. Und da wir das verhindern wollen und müssen, versuchen wir andere schlechtzumachen, um selbst positiver zu erscheinen.

Niedriges Selbstwertgefühl kann sich auf unterschiedliche Weise äußern. Zum Beispiel, indem man sich nicht traut, in sozialen Zusammenhängen oder im Leben überhaupt einen Platz einzunehmen. Oder indem man lieber davon absieht, seine Meinung zu sagen. Oder indem man sich zurücknimmt und alles tut, um nicht die Aufmerksamkeit auf sich zu lenken oder sichtbar zu werden. Es gibt aber auch die entgegengesetzte Art, indem man nämlich alles tut, um sichtbar zu sein und im Mittelpunkt zu stehen, indem man die ganze Zeit Aufmerksamkeit und Bestätigung fordert, aber selbst anderen Menschen nie zuhört. Ich glaube, wir sind alle schon einmal solchen Menschen begegnet, die nicht zuhören. Das ist sehr frustrierend. Weist man sie darauf hin, dass sie nicht zuhören, fühlen sie sich zu Unrecht beschuldigt – sie hätten doch alles gehört, was man gesagt hat. Aber hören und zuhören ist nicht dasselbe!

Menschen mit geringem Selbstwertgefühl sind meistens selbstbezogen und wirken sehr von sich eingenommen. Was ironischerweise wiederum dazu führt, dass genau das eintrifft, was ein Mensch mit geringem Selbstwertgefühl am meisten fürchtet – nämlich unbeliebt zu sein, Kritik zu bekommen, verlassen zu werden.

Beispiele für die Folgen von geringem Selbstwertgefühl

Eines Tages, ich war zehn Jahre alt und besuchte die dritte Klasse, sagte ein Junge zu mir, Mädchen könnten nicht Fußball spielen. Ich ging nach Hause zu meinem Vater und sagte, ich wolle anfangen, Fußball zu spielen. Der war ein guter und pädagogisch geschickter Vater und sagte mir, das könnte ich gern tun, aber ich müsse schon selbst anrufen und mich anmelden. Das tat ich. Fußballspielen hat mir sehr viel Spaß gemacht. Wir fuhren ins Trainingslager und spielten in verschiedenen Ländern; dabei fand ich viele Freunde. Ich war sogar eine recht gute Fußballspielerin, und Spaß machte es mir wie gesagt obendrein.

Wenn wir uns dieses Beispiel vornehmen, zeigt sich deutlich, dass ich ein gutes Selbstvertrauen hatte. Der Junge sagte: »Mädchen können das nicht« – aber ich wusste, dass ich sehr wohl konnte! Wäre mein Selbstwertgefühl genauso ausgeprägt gewesen wie mein Selbstvertrauen, hätte ich ihn vermutlich nur angeschaut und gedacht: Der ist aber komisch – natürlich können wir Mädchen das! Vielleicht hätte ich es ihm auch erklärt. Wenn ich ein ausgeprägtes Selbstwertgefühl gehabt hätte, dann hätte ich ihm nicht irgendetwas beweisen müssen. Stattdessen hätte ich mich selbst gefragt, was *ich* denn gern tun würde. Vielleicht hätte ich ja lieber Ballett tanzen oder Handball spielen wollen.

Als kleines Mädchen bekam ich oft zu hören, ich sei süß und tüchtig, und man sagte auch zu mir, ich könnte genau das werden, was ich werden wollte. Aber niemand sagte zu mir (jedenfalls nicht so, dass ich es begriff), dass ich genau so, wie ich war, »richtig« war. Natürlich fanden meine Eltern und meine Lehrer, dass ich gut so war, wie ich war. Aber es kam nicht bei mir an.

Wir loben und wertschätzen immerzu Leistungen und – wie traurig das auch klingen mag – Aussehen. Denken Sie nur daran, wie Sie sich kleinen Kindern gegenüber verhalten. Wie oft sagen Sie: Ist sie nicht süß! Schau mal, ist er nicht fleißig! Bei dem fleißigen und süßen kleinen Mädchen, das ich wirklich war, setzte das **die Jagd nach mehr Bestätigung** in Gang. Mir ging es gut, ich genoss die Bestätigung und ich suchte sie mehr oder weniger bewusst die ganze Zeit. Dass ich mich selbst bestätigen konnte und dass ich gerade so, wie ich war, richtig war, lernte ich dagegen nie.

Vor einigen Jahren suchte mich Jesper auf. Es ginge ihm so schlecht, sagte er, dass er überlege, ob er nicht Medikamente, also Antidepressiva, einnehmen solle. Er glaube, bei ihm im Kopf müsse irgendetwas nicht stimmen (so drückte er sich aus). Von außen betrachtet wirkte sein Leben okay, fast perfekt. So, dass er meinte, eigentlich doch glücklich sein zu müssen! Aber er war es nicht. Er hatte eine befriedigende Arbeit, er sah gut aus und er hatte eine schöne Wohnung, in der er sich wohlfühlte. Zwar war er Single, aber er hatte einen großen Bekanntenkreis und keine Probleme, immer wieder Frauen zu finden (was er auch betonte). Trotzdem kam ihm alles sinnlos vor, und er hatte das Gefühl, in eine Depression zu rutschen. Wir trafen uns wieder, und ich hatte einige Fragen für ihn vorbereitet, die er bis zu unserer nächsten Zusammenkunft beantworten sollte.

Beim nächsten Mal brach er weinend zusammen. Beim Erledigen seiner schriftlichen Aufgabe war ihm bewusst geworden, dass er die ganze Zeit nur Bestätigung suchte, wenn er immer wieder Frauen anbaggerte und sie nach Hause in sein Bett zerrte. Seine Freunde bewunderten, was er tat, und sahen zu ihm auf, er war für sie ein Frauenheld. Aber er in seiner Einsamkeit empfand sich als Bluff. Er redete sich jeweils ein, berichtete er, dass es mit dem nächsten Mädchen gut würde. Bei dieser Frau würde er sich »komplett« fühlen. Stattdessen blieb wieder nur das Gefühl von Einsamkeit und Leere. Seinen Freunden hatte er nie einzugestehen gewagt, wie er sich anschließend fühlte. Bei denen spielte er immer weiter diese Rolle, weil er glaubte, dass seine Freunde das von ihm erwarteten. Er fand ja selbst, er müsse doch glücklich sein, weil er alle Mädchen bekam, die er haben wollte. Seine Freunde bestätigten ihm das doch auch.

Als er jetzt sich selbst gegenüber ehrlicher geworden war, fragte ich ihn, wie sich das eigentlich anfühle. Da antwortete er: »Ich komme mir so verdammt billig vor, und irgendwie fühle ich mich wie ein Opfer.«

Jesper brauchte einige Zeit, bis er seine gewohnten Muster ändern konnte. Er liebte nämlich die Jagd und das Gefühl des Sieges, wenn er feststellen konnte, »die kommt mit mir mit nach Hause«. Es war dieses positive Gefühl, nämlich dass ihm etwas gelang, eine Eroberung, weshalb er in derselben Weise weitermachte, obwohl er inzwischen wusste, wie er sich anschließend fühlen würde. Jesper wollte sich verlieben, aber es gelang ihm nie. (Die Mädchen dagegen taten es die ganze Zeit.)

Dies ist ein typisches Beispiel, wie das niedrige Selbstwertgefühl eines Menschen andere stark beeinflussen kann, sogar bis zu dem Punkt, dass sie darunter leiden. Jesper war in seinem Tun sehr selbstsüchtig. Er war unglaublich erfolgreich im Anbaggern der Mädchen und darin, sie abzuschleppen. Selbstverständlich ließ er sie in dem Glauben, dass sie sich öfter treffen würden und dass sich daraus vielleicht eine Beziehung entwickeln könnte. Es tat ihm ehrlich leid, als er einsah, dass es etlichen der Mädchen wegen seines Verhaltens schlecht ging. Was wiederum dazu beitrug, dass sein Selbstwertgefühl noch geringer wurde, denn er wollte kein schlechter Mensch sein, und das war er ja im Innersten auch nicht.

Inzwischen hat er gelernt, wahrhaftig zu sein und ehrlich sich selbst gegenüber und keine anderen Menschen zu benutzen, um sein Ego aufzublasen. Jesper hat noch immer großes Selbstvertrauen, aber jetzt hat er auch eine Möglichkeit gefunden, sein Selbstwertgefühl zu stärken. Natürlich macht es ihm immer noch Spaß, mit den Mädchen zu flirten, und er genießt es, dass sie ihn gut finden. Aber er tut nichts mehr, hinter dem er nicht stehen kann. Für Selbstwertgefühl und Selbstachtung ist es wichtig, so zu leben, wie man eingesehen hat, dass es richtig ist.

Ist geringes Selbstwertgefühl typisch weiblich?

Als Coach für persönliche Entwicklung arbeite ich sowohl mit Einzelnen als auch mit Gruppen unterschiedlicher Art. Unter anderem wirkte ich in einem Mentoring-Programm mit, an dem Persönlichkeiten aus dem Wirtschaftsleben und Jugendliche teilnahmen. Das Projekt drehte sich um das Nicht-integriert-sein und um die Vielfalt und begann mit einem Workshop, zu dem sich alle Beteiligten versammelten. Natürlich waren alle etwas nervös, aber zugleich auch voller Erwartung. Junge Menschen fühlen sich häufig ein bisschen unsicher und fürchten schnell, man könne sie als abgedreht auffassen, wohingegen die Mentoren meistens deshalb unsicher sind, weil sie nicht genau wissen, was wohl von ihnen erwartet wird.

Nach einer Vorstellungsrunde zum Kennenlernen machten wir eine Bewertungsübung. Ich legte auf den Fußboden Zahlen von 1 bis 6 aus. Dann stellte ich Behauptungen auf, zu der die Mitglieder beider Gruppen individuell Stellung beziehen sollten. Waren sie hundertprozentig meiner Meinung, sollten sie sich auf die Ziffer 6 stellen, und wenn sie überhaupt nicht meiner Meinung waren, auf Ziffer 1. Ziffer 2 bedeutete »Nein«, aber mit einem kleinen Vorbehalt, und so weiter. Es gibt also keine Mitte – die Ziffer 3 ist einem »Nein« näher und Ziffer 4 ist einem »Ja« näher. Das Entscheidende dabei ist, dass man Stellung beziehen muss.

Eine der Behauptungen lautete: »Jungen haben in der Regel ein besseres Selbstwertgefühl als Mädchen.« So gut wie alle Mentoren stellten sich auf die 6, einige auf die 5. Zu den Jugendlichen gehörte eine kleine Gruppe von total coolen Typen, unter anderem waren ein kurdischer Junge aus einem typischen Migrantenviertel dabei und ein ehemaliger Skinhead mit Tätowierungen und großen Muskelpaketen. Alle beide stellten sich auf die 1. Erst mussten sie sich in ihren jeweiligen Gruppen austauschen. Danach bat ich den ehemaligen Skinhead, vor der Gesamtgruppe darauf zu antworten, weshalb er so überzeugt sei, dass Jungen in der Regel *kein* besseres Selbstwertgefühl haben als Mädchen. Er antwortete: »Nee, das haben wir echt nicht, unsere Masken sind einfach nur größer.«

Für viele der Mentoren war das ein echtes Aha-Erlebnis. Einige änderten darauf ihre Meinung und stellten sich neben die beiden »coolen« Typen auf dieselbe Zahl.

Egal ob weiblich oder männlich: ein geringes Selbstwertgefühl ist einfach menschlich.

Leben oder konkurrieren

Ist das Selbstwertgefühl gering, weiß man nie, was man wert ist. Das hängt dann jeweils davon ab, wen man augenblicklich um sich hat. Sich als ebenbürtig zu erleben, ist unmöglich, entweder ist man besser oder man ist schlechter. Oder: Wenn man nicht besser ist, taugt man nichts, d. h. man ist wertlos. Jahrelang hatte ich deshalb die Angewohnheit, mich ständig mit anderen zu vergleichen. Ich war nur dann »gut«, wenn nicht ein anderer »besser« war.

Hier folgt nun ein Szenario, in dem sich junge Mädchen und junge Männer oft wiedererkennen.

Stell dir vor, du sitzt zusammen mit anderen Jungen und Mädchen deines Alters in einem Raum. Du selbst findest, du siehst gut aus – jedenfalls siehst du von allen hier im Raum am besten aus. Ihr unterhaltet euch über alles Mögliche und du hast viel beizutragen und fühlst dich ziemlich super – gescheiter als die meisten! Nach einer Weile kommt eine neue Person ins Zimmer. Sie mischt sofort bei der Diskussion mit und viele Beiträge sind echt interessant. Die anderen lachen viel über das, was sie sagt. Sie strahlt Freude aus und ist außerdem hübsch: tolle Frisur,

schöne Kleidung – echt guter Stil. Plötzlich findest du dich langweilig und hässlich. Du vergisst, was du sagen wolltest, und wirst
stumm und bist sauer. Warum muss es immer so kommen?

Die Antwort lautet: So kommt es, wenn das Selbstvertrauen
groß, aber das Selbstwertgefühl gering ist. Weil wir uns dann
mit anderen vergleichen und mit ihnen konkurrieren. Sobald
wir vermeiden, uns mit anderen zu vergleichen, sobald wir aufhören zu konkurrieren, stattdessen üben, uns selbst zu mögen
und zu merken, dass wir gut sind, so wie wir sind – dann wird
das Leben ein bisschen einfacher und schöner. Aus uns wird
doch kein anderer Mensch, nur weil noch jemand ins Zimmer
tritt, oder? Es wird immer jemanden geben, der gescheiter ist,
schlauer, witziger, hübscher. Aber es gibt niemanden, der das
alles auf einmal ist.

Vor einer Weile wurde ich nach einem Vortrag gefragt, ob ich
nicht doch immer noch mit anderen konkurriere. Gewöhnlich
antworte ich auf diese Frage, dass ich heutzutage nur noch mit
mir selbst rivalisiere. An diesem Abend, als ich mich selbst reden
hörte und mitbekam, wie ich meine Antriebskräfte erklärte, da
hatte ich auf einmal das Gefühl, als stimme das nicht. Später am
selben Abend, als ich gerade beim Zähneputzen war, fiel mir die
Antwort ein: Ich konkurriere überhaupt nicht mehr, nicht mal
mit mir selbst. Der Grund ist einfach: Weil ich schon gewonnen
habe. Es liegt eine unglaubliche Stärke und Freiheit darin, dies
zu empfinden. Natürlich habe ich Visionen und Träume, Wünsche und Ziele für meine Zukunft, aber die Kunst besteht doch
darin, Freude und Stolz auf dem Weg dorthin zu empfinden, und
nicht, dass man um jeden Preis gewinnen muss.

Opferrolle

Unangenehm ist noch etwas anderes, das oft im Gefolge eines
geringen Selbstwertgefühls auftritt, nämlich die Selbstbezogenheit. Bei geringem Selbstwertgefühl sind wir so selbstzentriert

und auf uns bezogen, dass wir glauben, alles habe mit uns zu tun. Wir übertreiben unsere eigene Bedeutung und sind dabei gleichzeitig unerhört verletzbar in Bezug auf andere, auf ihr Tun, ihre Kommentare, ihre Launen und so weiter. Wie andere uns finden, ja sogar, was wir uns *einbilden*, wie andere uns finden, alles färbt auf unser Selbstbild ab. Das bringt mit sich, dass wir uns sogar als Opfer anderer Menschen fühlen können. Das Gefühl, ein Opfer zu sein, ist ausschließlich destruktiv, und kaum etwas sonst kostet so viel Kraft und Energie. Das Ganze ist ja außerdem paradox. Einerseits glauben wir, alles kreise um uns, andererseits misstrauen wir unserer Bedeutung so sehr, dass wir nicht einmal wahrnehmen, wie wir uns und andere beeinflussen. Ein Mensch mit richtig geringem Selbstwertgefühl kann sich seiner Umgebung gegenüber vollkommen rücksichtslos verhalten, ohne es zu merken und ohne mitzubekommen, wie sehr er damit andere verletzt. Und dabei fühlt er oder sie selbst sich schon bei der kleinsten Stichelei fast vernichtet!

Wollen Sie, dass man Ihnen Liebe und Respekt entgegenbringt, müssen Sie anfangen, beides auch sich selbst entgegenzubringen. **Sie müssen Ihre eigene Bedeutung erkennen.** In sozialen Zusammenhängen wie im Freundes- und Bekanntenkreis oder in der Familie sind Sie weder wichtiger noch unwichtiger als andere Menschen. Aber Sie für sich sind der wichtigste Mensch auf der Welt. Nur Sie allein können regelmäßig Ihren Bedarf an Selbstachtung auffüllen, unabhängig davon, was andere sagen, tun oder meinen. Sie müssen trainieren, das oft für sich zu tun. Denken Sie immer daran, dass es auf Sie ankommt! Sie entscheiden über Ihre eigene Zukunft. Und werfen Sie die Opferrolle ab! Sie macht hässlich, sie drückt und sie sitzt zu eng.

Ich weiß, dass es nicht immer leicht ist, sich selbst zu mögen. Deshalb geht es in diesem Buch darum, wie wir genau das erreichen. Dazu gehört vor allem, sich selbst und sein Tun wahrzunehmen. Dazu gehört auch, sich selbst das zu verzeihen, was war, und Geschehenes zurechtzurücken und Menschen, denen man geschadet oder wehgetan hat, um Entschuldigung zu bitten. Im Grunde geht es um Verantwortung. Früher mochte ich das Wort nicht, aber mittlerweile empfinde ich es als sehr positiv. Wenn ich dafür verantwortlich bin, wie es mir geht, kann ich doch auch beeinflussen, wie ich will, dass es mir gehen soll. Da es wohl sehr lange dauern wird, bis sich die Welt zum Besseren verändert hat, ist es doch einfach nur gescheit, schon mal bei sich selbst anzufangen. Außerdem macht es attraktiv, sich selbst zu mögen.

Karriere und Selbstwertgefühl

Bei meiner Arbeit treffe ich viele Frauen und Männer, die Enormes leisten. Meistens haben sie eine gute Ausbildung, oft an einer Hochschule oder Universität. Diejenigen, die ich coache, machen häufig gerade eine sagenhafte Karriere, und sie sind in fast allem, was sie anpacken, erfolgreich. Sie haben gute Jobs, und aussagekräftige Zeugnisse zeigen, was sie alles können. Nicht selten ist es ihnen gelungen, Projekte zu verwirklichen, die anfangs ganz unwahrscheinlich wirkten. Trotzdem berichten mir diese Menschen (nach ein paar Nachfragen), dass sie nur darauf warten, als ein einziger, riesengroßer Bluff entlarvt zu werden. Sie wissen, dass sie eigentlich kompetent sind, glauben aber die ganze Zeit, ein anderer könne alles noch besser. Das geben sie natürlich vor keinem Kollegen zu, denn wie würde das aussehen! Alle anderen sind schließlich solche Profis und wirken so sicher. Also behalten sie dieses Gefühl lieber für sich und lassen sich von ihm plagen. Manchmal nimmt es allerdings auch ab, aber nur dann, wenn ihnen eine Leistung gelungen ist, die weit über das normale Maß hinausreicht. Dann kann es mal einen ganzen Tag lang verschwunden sein. Aber solange es diesen Frauen und Männern nicht gelingt, ein gutes und ausgeglichenes Selbstwertgefühl aufzubauen, dann riskieren sie dasselbe Schicksal wie so viele andere in hohen Stellungen. Wenn man nicht innehält und nachdenkt, ist das Risiko groß, dass man schuftet bis zum Umfallen, sich total verausgabt und dann am Ende völlig abbaut – die letzte Stufe ist Burn-out.

Wenn ich Männer oder Frauen aus Chefetagen treffe, bezeugen sie häufig genau diese Entwicklung.

Ist das nicht eigentlich ziemlich traurig? Wir leben in einer Welt, in der unendlich viele fürchten, plötzlich als unzureichend und untauglich entlarvt zu werden. Wir wagen nicht, darüber zu sprechen oder es zuzugeben, sondern wir »tun so, als ob« und spielen Theater. Wir sehen das Problem nicht und können es deshalb auch nicht lösen.

2 Warum ist ein gutes Selbstwertgefühl wichtig?

Ganz einfach: Weil es das Leben erleichtert. Mit einem guten Selbstwertgefühl lebt es sich leichter! Zwar erlebe ich immer noch Rückschläge, und ich mache immer noch Fehler, genau wie alle anderen Menschen. Aber ich komme mit den Rückschlägen besser zurecht, und aus meinen Fehlern entsteht viel schneller eine amüsante Geschichte. Als ich mich nach viel Ermutigung entschloss, dieses Buch zu schreiben, erzählte ich Ola davon, einem guten Freund, der Journalist ist. Mir stand nur ziemlich wenig Zeit für das Schreiben zur Verfügung, und als er die Zeitvorgabe hörte, rief er spontan: »Aber Mia! Nicht mal Jesus hätte geschafft, ein Buch in so kurzer Zeit zu schreiben! Und du kannst noch nicht mal gut schreiben!« Bei einem solchen Kommentar hätte ich leicht die Krise bekommen oder in Panik geraten können. Was für ein Glück, dass ich mein Selbstwertgefühl trainiert hatte! Und dass mein Selbstvertrauen immerhin so gut ist, dass ich mir keine großen Sorgen machte, wie es qualitativ wohl werden würde. Ich mache es einfach so gut, wie ich kann. Und ich hatte für mich entschieden, gut genug zu sein. Ola schickte noch am selben Abend eine SMS: »Sorry, bin manchmal etwas bescheuert. Klar kriegst du das hin!«

Ich habe den Vorteil und das Vergnügen, viel unterwegs zu sein und in den unterschiedlichsten Zusammenhängen mit jungen Leuten zu sprechen. Das ist unglaublich lehrreich und gibt mir viel. Einmal besuchte ich eine Mädchengruppe, die sich für eine gewisse Zeit einmal in der Woche traf. Als ich mit diesen Mädchen eine Bewertungsübung machte, lautete eine meiner Behauptungen: »Es ist wichtiger, für seine Freunde da zu sein als für sich selbst!«

Das war eine tolle Gruppe, die ich da vor mir hatte. Die Mädchen, zwischen 13 und 15 Jahre alt, waren echt tough. Die meisten von ihnen stellten sich bei der Bewertung auf Ziffer 5 oder 6, was bedeutete, dass sie der Behauptung zustimmten: Es ist wichtiger, für seine Freunde da zu sein als für sich selbst. Bei einer Bewertungsübung will ich darauf hinaus, dass es natürlich nichts gibt, was richtig oder falsch ist. Die meisten Mädchen stellten sich also auf die 5 und die 6, und wir diskutierten hin und her. Nach einer Weile fing eines der coolsten Mädchen an zu weinen. Sie sagte: »Ich weiß ja, dass es nicht so sein dürfte. Aber wenn ich nach einem Tag in der Schule müde bin und mich zu Hause hinlege, um mich auszuruhen, und dann irgendeine Freundin anruft und fragt, ob wir nicht irgendwas machen wollen, sage ich immer Ja, obwohl ich es eigentlich gar nicht schaffe oder keine Lust habe. Ich mache das, weil ich glaube, wenn ich Nein sage, dann rufen sie am nächsten Tag nicht mehr an. Ich will nicht so sein, aber ich hab Angst, dass sie mich sonst nicht mehr dabeihaben wollen.«

Ich fand es sehr mutig von diesem Mädchen, dies vor der ganzen Gruppe zu berichten. Für einen Teenager sind Freunde und Kumpel ungeheuer wichtig, und ganz leicht werden Befürchtungen geweckt, dass die anderen einen nicht akzeptieren.

Unsere wichtigste Beziehung ist die zu uns selbst. Aber damit es uns gut geht, geht es um mehr als nur um uns! Das Leben besteht zu einem großen Teil aus den unterschiedlichsten Beziehungen. Wenn diese nicht funktionieren, beeinflusst uns das negativ.

Eine Frage wird mir oft gestellt, wenn ich zu Vorträgen unterwegs bin: Was soll man tun, um seinen Kindern zu einem besseren Selbstwertgefühl zu verhelfen? Die Antwort auf diese Frage lautet selbstverständlich: Wenn Sie wollen, dass Ihr Kind ein gutes und ausgeglichenes Selbstwertgefühl bekommt, müssen Sie es als Individuum bestätigen. Ihr Kind muss spüren, dass es gerade so wie es ist, gut und richtig ist. Loben Sie Ihr Kind nicht nur dann, wenn es etwas geleistet hat.

Wenn Sie allerdings wirklich sicher sein wollen, Ihren Kindern zu einem guten Start ins Leben zu verhelfen, dann müssen

Sie bei sich selbst anfangen. *Sie* brauchen nämlich ein gutes Selbstwertgefühl, wenn Sie wollen, dass Ihre Kinder ebenfalls eines entwickeln. Sie können schließlich nichts weitergeben, was Sie selbst nicht haben. Kinder tun in erster Linie das, was wir tun, und nicht das, was wir sagen. Den eigenen Kindern ein gutes Vorbild zu sein ist folglich die beste Weise, ihnen zu einem Lebensgefühl von Gelassenheit zu verhelfen. Ein Vorbild ist ein Mensch, der das, was er tut, so gut macht, wie er es kann. Der vorlebt, was er andere lehrt, und der sich immer weiterentwickelt.

Aber keiner von uns ist perfekt. Deshalb ist es auch so wichtig, seine Fehler und Mängel anzuerkennen. Selbstverständlich können Sie sagen, dass Sie etwas lästig finden oder dass Sie eine Frage Ihres Kindes nicht beantworten können. Sagen Sie dann einfach: »Ich weiß es nicht, aber ich werde mich darum kümmern.« Es gibt keine allwissenden und fehlerfreien Eltern. Wenn Sie zeigen, wie es Ihnen bei verschiedenen Dingen geht, »sagen« Sie damit Ihren Kindern, dass es okay ist, nicht vollkommen zu sein. Damit bekommen die Kinder Spielraum und müssen ebenfalls keine Angst haben, manchmal Fehler zu machen. Ein gutes Vorbild für Kinder und Jugendliche ist ein Mensch, der Gelassenheit ausstrahlt und Abstand zu sich selbst hat, der sich selbst mag und nicht nach Perfektion strebt.

Als ich einmal am Personaltag eines Unternehmens teilnahm, lautete eine der Übungen, man solle fünf gute Dinge über sich auf ein Blatt Papier schreiben. Davon sollte man drei Punkte auswählen und seinen Arbeitskollegen vorlesen. Diese Übung mache ich oft, weil viele von uns trainieren müssen, 1) zu erkennen, was gut ist an uns, und 2) zu wagen, vor Freunden und Kollegen dazu zu stehen. Wenn bei diesen Gelegenheiten dann alle so über sich »angegeben« haben, mache ich meistens eine Runde »love bombing«. Dabei helfen sich die Arbeitskollegen gegenseitig, die Listen mit guten Eigenschaften zu verlängern. Darauf folgt häufig eine Runde, in der alle darüber nachdenken müssen, was für sie am schwersten war – über sich selbst vor anderen Positives zu sagen oder das Positive anzunehmen, was die anderen einem zuschreiben. Wenn wir von Klein auf angehalten wurden, uns ja nicht über andere zu erheben, ist das natürlich schwer. Aber auch das wird durch Üben leichter.

An diesem Tag war eine sehr sympathische und etwas unsichere Frau in der Gruppe. Sie fand die Übung sehr unangenehm, sie fand beides schwer, sowohl positives Feedback zu sich selbst zu geben als auch positives Feedback anzunehmen. Saubermachen und Termine korrekt einhalten war das Einzige, was ihr an Positivem zu sich selbst einfiel. Ihre Kollegen hingegen sagten zu ihr, sie sei zuverlässig, loyal, eine gute Freundin, sie sei fürsorglich, genau und sie nähme sich immer Zeit, wenn jemand sie um Hilfe bitte. Nachdem die Übung abgeschlossen war, stellte sie mir eine Frage, die ich oft gestellt bekomme: was sie mit ihren beiden Teenagertöchtern machen solle, denn sie war beunruhigt, weil beide Mädchen kein so gutes Selbstwertgefühl hätten. Da musste ich ihr sagen: **Sie müssen bei sich selbst anfangen.** Wenn Sie all das Positive bei sich selbst nicht sehen, wagen Sie auch nicht Ihre Mängel anzuschauen und sie zu verbessern. Wenn Sie allen Ernstes Ihre größten Stärken im Putzen und im Pünktlichsein sehen, dann ist das eben das Vorbild, das Sie Ihren Töchtern vermitteln.

In diesem Zusammenhang will ich auch etwas zu unserem Verhältnis zu unseren Körpern sagen. Viele Frauen und Männer haben nicht gelernt, sich und ihr Aussehen zu mögen, und denken viel zu oft über Abmagerungskuren und Diäten nach. Wie viele reden ständig darüber! Wir müssen auch hier daran denken, dass unsere Kinder alles übernehmen, was wir tun. Wir können vielleicht nicht auf das einwirken, was gesellschaftlich signalisiert wird, aber wir können die Verantwortung übernehmen für das, was bei uns zu Hause Norm ist. Ich begegne so vielen Mädchen und Jungen mit Anorexie, Bulimie und Orthorexie. Und ich sage keinesfalls, dass es immer so ist, aber häufig sind ihre Essstörungen zu Hause angelegt worden. Vielleicht haben sie oft zu hören bekommen, sie seien zu dick. Vielleicht hieß es häufig, sie würden zu viel essen. Oder sie haben, wenn sie etwas gut gemacht haben, zur Belohnung Kuchen und Süßigkeiten bekommen. Oder jemand hat ihnen etwas zu essen gegeben, wenn sie dem- oder derjenigen leidtaten. Oder wenn wir mit Eltern heranwachsen, die täglich von Gewichtsabnahme und Schlankheitskuren reden, wird das natürlich zur Norm und zu etwas, das wir übernehmen. Eine gute Freundin ist inzwischen von ihrer Anorexie genesen. Es war wirklich kein Wunder, dass sie krank wurde. Erst jetzt kann sie die kranke Beziehung zu Essen und dem eigenen Körper erkennen, die auch schon ihre Mutter und Großmutter hatten.

Mit geringem Selbstwertgefühl kann es schwer sein, sich zu entscheiden, welche Menschen wir um uns haben wollen. Wenn man nicht weiß, was man wert ist, begnügt man sich oft mit unkameradschaftlichen Freunden, unzuverlässigen Partnern, tyrannischen Arbeitgebern und so weiter.

Das funktioniert aber auch in die andere Richtung: Ein Mensch mit gutem Selbstwertgefühl ist ein viel besserer Freund, Chef und Partner. Deshalb ist es sinnvoll, sich dann und wann zu fragen: **Wie sehen eigentlich meine Beziehungen aus?** Habe ich einen Freund, der sich nicht über meine Erfolge freuen kann (natürlich, wenn es ihr oder ihm nicht besser geht)? Viel zu oft treffe ich Frauen und Männer, die zwar einen großen Bekanntenkreis haben, aber in deren Leben es trotzdem wenige Menschen gibt, zu denen sie Vertrauen haben. Eine vertrauensvolle Freundschaft gründet sich darauf, dass man gegenseitig Freud und Leid teilen kann.

Ich glaube, es ist schwer, liebevolle Beziehungen zu Menschen aufzubauen, wenn ein geringes Selbstwertgefühl dazwischensteht. Ein gutes Selbstwertgefühl ist die beste Waffe gegen Menschen, die vielleicht nicht immer unser Bestes wollen. Und mit gutem Selbstwertgefühl können wir uns leichter von den Menschen abwenden, die schadenfroh oder missgünstig sind. Wenn ich von einem Grundvertrauen getragen bin, wenn ich mich selbst mag und sicher fühle, ist es außerdem für andere leichter, mich zu mögen. Je ausgeprägter unser Selbstwertgefühl ist, umso mehr sind wir in der Lage, gesunde Beziehungen aufzubauen, die weder uns noch anderen schaden. Ich habe inzwischen keine Angst mehr vor Menschen und ich meine auch nicht mehr, mich ihnen gegenüber verteidigen zu müssen. Wenn die Leute unfreundlich sind oder unfair – denn solchen begegnet man immer mal – denke ich: Warum mag er/sie nur so schlechte Laune haben? Vielleicht hat er/sie eigentlich Angst? Und so brauche ich mich nicht bedroht zu fühlen.

In einem Buch von Nathaniel Branden, das ›Selbstwertgefühl von Frauen‹ heißt, fand ich kürzlich eine Formulierung, die ich gern hier anbringen möchte: »Wünschst du dir eine glückliche Beziehung zu einem Mann/einer Frau, gibt es keinen wichtigeren Faktor als das Selbstwertgefühl – dein eigenes und seins/ihres.«

Mir begegnen bei meiner Arbeit viele interessante und ganz verschiedene Menschen, und natürlich bekomme ich durch sie Einblick in ihre Beziehungen. Sie machen ja das Leben aus, unsere Beziehungen zu anderen Menschen. Und in unseren engen persönlichen Beziehungen spiegelt sich das Selbstwertgefühl am deutlichsten wider. **Typisch für geringes Selbstwertgefühl ist Eifersucht.** Wenn ein solches Gefühl in einer Beziehung frei agieren darf, wird es am Ende alle Liebe töten. Ein eifersüchtiger Mensch muss dringend etwas für sein Selbstwertgefühl tun. Häufig glaubt der Eifersüchtige allerdings, es sei der Fehler des Partners, wenn dieses Gefühl geweckt wird.

Wenn Sie eifersüchtig reagieren und sich die Eifersucht als berechtigt erweist, weil Sie mit jemandem zusammen sind, auf den Sie sich nicht verlassen können, dann liegt es in Ihrer Verantwortung, die Beziehung aufzugeben und wegzugehen. Aber meistens lässt uns unser geringes Selbstwertgefühl eifersüchtig reagieren: Wir können gar nicht begreifen, wieso dieser fantastische Mensch ausgerechnet uns erwählen konnte, und deshalb müssen wir die ganze Zeit auf der Hut sein, dass nicht irgendein anderer kommt und uns den Partner ausspannt. Aber indem wir den, den wir lieben, kontrollieren wollen, riskieren wir, ihn zu verschrecken und die Liebe zu töten. Jetzt spreche ich nicht von dem kleinen Kribbeln im Bauch, weil wir ganz plötzlich merken, dass wir uns verliebt haben und Angst haben, den geliebten

Menschen zu verlieren – hier rede ich von echter Eifersucht. Und ich weiß, wovon ich rede.

Während einer Phase meines Lebens bin ich mit einem extrem eifersüchtigen Mann zusammen gewesen. Wenn ich zum Beispiel zum Einkaufen gegangen war und das etwas länger als gewöhnlich dauerte, konnte ihm einfallen, ich hätte etwas mit irgendeinem Mann im Geschäft gehabt. Oder wenn wir ausgingen, behauptete er immer, ich flirtete mit allen Männern, denen wir begegneten. In dieser destruktiven Beziehung war ich physischer und psychischer Gewalt ausgesetzt. Ehe ich diesen Mann getroffen hatte, war ich immer überzeugt: »Eine Ohrfeige, und ich bin weg!« Aber so konsequent war ich nicht. Ich begriff zu spät, was da geschah, und gab mir Mühe, mich zu ändern und zu beweisen, dass man sich auf mich verlassen konnte. (Ich bin diesem Mann niemals untreu gewesen, aber es ging dabei ja auch gar nicht um mich oder um die Realität.) Es kostete mich viel Zeit und viel Arbeit, um die Wunden zu heilen, die mir in dieser Beziehung zugefügt wurden. Aber es gelang. Doch beim nächsten Mal werde ich wohl auf die Warnsignale achten, die in Liebesbeziehungen auf Eifersucht hinweisen.

So wie ich mich entscheide, mich auf die Menschen zu verlassen, die zu meinem Leben gehören, will ich auch, dass man sich auf mich verlässt. Ein Risiko besteht immer, dass der, den wir lieben, nicht mehr länger mit uns zusammenleben will und eventuell sogar angefangen hat, einen anderen zu lieben. Das werden wir niemals verhindern können, deshalb können wir uns genauso gut gleich trauen, einen Menschen gern zu haben und zu lieben und zwar so oft und so viel wie möglich. Die beste Garantie für eine lange und glückliche Beziehung ist, sie zu hegen und zu pflegen und stets in der Gegenwart zu leben. Es ist wunderbar, Liebe zu geben und zu empfangen, aber es kann auch schwer sein und wehtun. Und manchmal, aus ganz verschiedenen Gründen, gelingt es uns nicht, einer Liebesbeziehung zu geben, was sie braucht, um frisch und stark zu bleiben. Aber am Ende heilen alle gebrochenen Herzen – natürlich nur, wenn wir das wollen. Wenn wir zu Ende getrauert haben, werden wir uns an der Liebe, die wir geben und empfangen durften, freuen können. Liebe als solche ist doch immer ein Geschenk.

Ich habe den wichtigen Entschluss gefasst, nichts zu bereuen, nicht einmal die destruktive Beziehung, die ich hier beschrieben habe. Ich bin nämlich diejenige, die ich heute bin, weil ich das alles mitgemacht habe, und weil ich aus dem, was ich erlebt habe, etwas gelernt habe. Ich habe beschlossen, daran zu glauben, dass alles einen Sinn hat, und wenn nicht im Augenblick erkennbar, so doch auf lange Sicht. Und ich bin davon überzeugt, dass ich heute dank all dessen, was ich in meinem Leben durchgemacht habe, ein viel besserer Coach, Freund und Mitmensch bin. Mein Selbstwertgefühl ist deshalb heute besser als das vieler Menschen, denen ich begegne, weil ich viel Arbeit hineingesteckt habe, um mich mit dem, was war, zu versöhnen, und weil ich gelernt habe, mich wirklich zu mögen. Deshalb bin ich kein besserer Mensch als irgendjemand sonst. Aber es fällt mir nun etwas leichter, das Leben zu leben. Heute bin ich fast immer glücklich, es geht mir gut und ich lache oft.

Was andere zum Selbstwertgefühl sagen

Eine kluge Frau, eine ehemalige Klientin, beschrieb ihre Gefühlslage, nachdem wir zusammen daran gearbeitet hatten, ihr Selbstwertgefühl zu stärken: »Ich ging an einen Schrank voller Waffen: Pistolen, Feuerwerfer, Bomben und Granaten. Ich durfte mir die Waffe aussuchen, die ich benutzen wollte, und ich beschloss, mich mit Selbstwertgefühl zu verteidigen. Eine bessere Waffe hätte ich nicht wählen können.«

Menschen, die gelernt haben, wie man sein Selbstwertgefühl stärkt, indem man Ängste und andere Hindernisse wegräumt, sprechen sehr enthusiastisch über die Auswirkungen, die dieser Prozess auf ihr Leben hatte. Ich bat einige, die Frage zu beantworten: »Warum ist ein gutes Selbstwertgefühl wichtig?«

»Ich betrachte das Leben gern als Fahrzeug, eines, das ständig in Bewegung ist. Das bedeutet, dass auch die Leben meiner Mitmenschen Fahrzeuge sind, die sich bewegen. Um Kollisionen zu vermeiden, muss jeder für sein Gefährt Verantwortung übernehmen, muss darauf aufpassen und es sorgsam lenken. Das tun nun längst nicht alle. Ich weiß das, denn ich war auch so. Noch bis ins Erwachsenenalter hinein beharrte ich eigensinnig darauf, im Fond zu sitzen. Ich hatte nicht das geringste Interesse daran, das Steuer zu ergreifen. Bei Zusammenstößen mit anderen schrie und tobte ich und schob die Schuld auf die anderen Verkehrsteilnehmer. Ich kam nie auf die Idee, dass ich mich vielleicht hinters Steuer setzen könnte – ich wusste ja nicht mal, dass es ein Steuer gab. Ich war vollauf damit beschäftigt, lauthals die anderen zu beschimpfen, sie würden wie Idioten fahren.

Mit der Zeit war ich ziemlich übel zugerichtet. Erst da begann ich zu überlegen, ob ich vielleicht etwas tun könnte, um weitere harte Zusammenstöße zu vermeiden. Mia Törnblom zeigte mir das Steuer und ermunterte mich, es auch selbst zu benutzen. Sie zeigte mir mit anderen Worten, wie ich mein Selbstwertgefühl ankurbeln konnte.

Seither habe ich das Kommando über mein Fahrzeug übernommen. Nicht über das anderer – nur über mein eigenes. Dazu gehört, dass ich auch heute noch Zusammenstöße habe, weil es auf den Lebenswegen immer noch Menschen gibt, die nicht wissen, wie man fährt. Aber ich gebe mir alle Mühe und komme deshalb gut zurecht. Ich habe auch die Schäden reparieren können, die mein Gefährt bei meinem früheren unverantwortlichen Fahrstil abbekommen hat, und viele der anderen Verkehrsteilnehmer, mit denen ich kollidiert war, habe ich um Entschuldigung gebeten.

Heute habe ich Angst um mein eigenes Leben und das anderer – das ist es, was ein hohes Selbstwertgefühl leistet, und damit kann auch das Leben zu einer richtig angenehmen Spazierfahrt werden.«

Frau, 47 Jahre

»Wenn ich ein gutes Selbstwertgefühl habe, traue ich mich, auf das zu setzen, was für mich wichtig ist, statt mich in Zusammenhängen zu behaupten, die andere wichtig finden. Das ist reine Energiever-

*schwendung! Wenn ich ein gutes Selbstwertgefühl habe, traue ich
mir Sachen zu, vor denen ich Angst habe, weil ich weiß, dass ich
überlebe, auch wenn mir etwas misslingt.«*

Frau, 29 Jahre

*»Kein Selbstwertgefühl zu haben ist, als wäre man eine Teetasse
mit einem Loch im Boden. Man gießt ein und gießt nach, aber es
rinnt einfach davon. Genauso ist es mit der Bestätigung, nach
der man dürstet, wenn man kein Selbstwertgefühl hat. Wie viel
Bestätigung von außen man auch bekommt, zufrieden ist man nie.*

*Ein gut trainiertes Selbstwertgefühl bedeutet für mich etwas sehr
Konkretes. Es macht einen Unterschied in meinem Alltag. Heutzutage kann ich an einem regnerischen Oktobertag allein an der
Bushaltestelle stehen, die Kinder habe ich gerade im Kindergarten
abgegeben, und ich weiß, dass ich sie mehrere Tage nicht sehen
werde, weil sie bei ihrer Mutter sein werden. Und trotzdem kann
ich mich froh fühlen. Das ist ganz anders als früher. Da hätte ich
geglaubt, ich sei gescheitert, ich hätte mich einsam gefühlt und
mich gefragt, wie es den Kindern eigentlich geht. Und jetzt spüre
ich, dass ich es einfach so gut mache, wie ich kann. Und dass ich
ein lieber Papa bin. Und dass es vollkommen ausreicht, einfach
ich zu sein.«*

Mann, 39 Jahre

*»Mich haben oft Menschen neugierig gemacht, die Gleichgewicht
und Harmonie im Leben erreicht zu haben scheinen, sowohl privat
wie im Berufsleben. Ich habe das früher immer nur dann kurz
erlebt, wenn ich mich wahnsinnig tüchtig fühlte. Dann hatte ich
aber gleichzeitig eine irre Angst, jemand würde darauf kommen,
dass es ja überhaupt nicht so gut war, wie ich geglaubt hatte. Dass
ich mich vielleicht sogar geirrt hatte.*

*Ich hatte von Mia Törnblom gehört und dass sie mit der indivi-
duellen persönlichen Entwicklung arbeitet. Freunde, die an Mia
Törnbloms Programm teilgenommen hatten, sagten, es hätte ihnen
das gegeben, wonach sie schon so lange gesucht hatten. Sie redeten
alle davon, wie wichtig Selbstachtung ist und ein gutes Selbstwert-*

gefühl. Ich wusste wohl nicht genau, was Selbstwertgefühl ist. Dachte wohl, das sei dasselbe wie Selbstvertrauen. Und dass es mit dem Selbstvertrauen auf und ab geht, betrachtete ich als Binsenwahrheit. Aber phasenweise war es sehr stressig, wenn mein Selbstvertrauen wackelte und meine Umgebung mich nicht darin bestärkte, wie gut und engagiert ich doch bin. Wurde ich nicht gelobt, war ich nichts wert.

Ich wollte Mia Törnblom treffen und hören, wie sie arbeitete, wie sie anderen half, ihre innere Stärke zu finden und ihre eigenen Möglichkeiten. Und wie sie mit ihrer eigenen Stärke arbeitete.

Heute kann ich kaum noch verstehen, wie ich dachte, ehe ich Mia Törnblom traf, ehe ich wusste, was Selbstwertgefühl ist und wie enorm wichtig es ist. Heute habe ich den Schlüssel gefunden und kann sehen, was für ein wunderbarer Mensch ich bin. Viel dreht sich darum, negative Gedanken in positive zu wenden. Mentales Training. Denn darin besteht Selbstwertgefühl. Das macht den ganzen Unterschied. In positiven Bahnen zu denken, die negativen Gedanken umzuwenden, ehe sie überhandnehmen. Ich empfinde heute so viel mehr, und ich denke viel mehr nach. Mia Törnblom hat mir beigebracht, vorauszudenken und zu sehen, welche fantastischen Möglichkeiten ich habe. Und mein Potenzial ist exakt so groß, wie ich will. Das klingt vielleicht hochmütig, aber das ist es nicht. Das ist der Unterschied zwischen sich wohlzufühlen und sich schlechtzufühlen; sich zu trauen und alles Mögliche tun wollen, sich selbst herauszufordern und an sich selbst zu glauben. Sich selbst durch negative Gedanken zu begrenzen (es hat keinen Zweck, das überhaupt erst zu versuchen, das wird sowieso nie gehen) bewirkt, dass man schon vorher spüren kann, wie weh es tun wird, wenn man scheitert.

Heute habe ich eine ganz neue Art, mich und meine Umgebung zu betrachten. Ich weiß, dass es an mir liegt, wie weit ich kommen will. Mit mir und meinem Leben. Ich kann tatsächlich selbst Einfluss darauf nehmen und für den Unterschied sorgen. Ich weiß, dass es an mir liegt, was ich tue und wie ich mich zu MEINEM Leben verhalte. Ich kann entscheiden; ich kann Möglichkeiten sehen oder Begrenzungen. Heute entscheide ich mich dafür, Mög-

*lichkeiten zu sehen. Ich weiß heute, was mich froh macht, was
dazu beiträgt, dass es mir gut geht. Ich suche mir meine Freunde
aus und entscheide mich für die Umgebungen, in denen ich mich
wohlfühle. Ich versuche, so oft wie möglich dort zu sein. Natürlich
passieren immer noch stressige Sachen. Aber wie stressig sie sind
und wie lange sie andauern, kann ich selbst entscheiden – natürlich nicht immer, aber meistens. Wenn sich Sachen und Situationen
nicht ändern lassen, dann muss ich eine Weile innehalten, Kraft
sammeln und die Kniffe anwenden, die ich gelernt habe, um negative Gedanken in positive umzuwandeln. Und das funktioniert.*

*Heute sage ich bei vielen Sachen »Nein, danke«, bei denen ich
mich früher gezwungen fühlte, mitzumachen. Denn um Nein zu
sagen, musste damals schon ein wirklich schwerwiegender Grund
vorliegen. Das Ergebnis waren viele komische Ausflüchte, und das
nur, weil ich das Wort Nein nicht aussprechen konnte. Ich konnte
mir nicht gestatten, einfach nur deshalb Nein zu sagen, weil ich
keine Lust hatte. Heute kann ich Nein sagen, und falls ich es bereue,
so werde ich wohl auf das Angebot zurückkommen dürfen. Das hat
mich ruhiger gemacht, ich fühle mich weniger gestresst und unter
Druck gesetzt. Die Sachen, die ich annehme, empfinde ich als viel
angenehmer, weil ich ganz und gar dahinterstehe.*

*Ich übernehme Verantwortung und nehme mich selbst ernst. Es
ist enorm wichtig für mich, dass ich hinter allem stehe, was ich tue,
und hinter den Zusammenhängen, in denen ich aktiv bin. Wenn
sich früher etwas nicht gut anfühlte, war es häufig so, dass ich es
allen möglichen Umständen zuschob, vor mir selbst und vor anderen. Heute lehne ich rundheraus ab, wenn ich mich unsicher fühle.
Seither geht es mir besser mit mir, und überhaupt ist das Leben so
viel angenehmer geworden. Und einfacher! Schwer zu erklären …
aber ich verheddere mich nicht mehr in Sachen. Unangenehme
Sachen schiebe ich nicht mehr bis morgen auf. Das Selbstwertgefühl, das ich heute habe, lässt mich eine enorme Freiheit empfinden.
Es geht mir gut, einfach nur, weil ich ich bin. Denn ich bin fantastisch.«*

Frau, 40 Jahre

3 Ist es denn ein Fehler, gern die Bestätigung von anderen haben zu wollen?

Ich habe einige Schauspieler getroffen und von ihnen habe ich eine Menge gelernt. Als Schauspieler ist man in der Regel sehr exponiert, der Beruf bringt das mit sich. Es wird verlangt, dass man ständig konzentriert ist, voller Tatendrang, das gilt auch bei der Jobsuche. Was meinen Sie, wie es ist, auch dieses Mal wieder eine Rolle, die man bei einem seiner Kollegen vorgespielt hat, nicht bekommen zu haben, zum, sagen wir, dritten Mal?

Wenn man nun als Schauspieler das Glück hat, ein Engagement zu haben, kann es einem trotzdem passieren, dass man sich eines Morgens mit einer Tasse Kaffee und der Zeitung an den Tisch setzt und die Besprechungen der Aufführung vom Vorabend liest und feststellen muss, dass da jemand entschieden hat, man sei eine Niete. Und dann soll man aus dem Haus gehen und Milch einkaufen und sich trotzdem glücklich und wunderbar fühlen ...

Man muss allerdings kein kritisierter Schauspieler sein, um sich wie eine Niete zu fühlen. Mir passiert das regelmäßig. Nicht zuletzt, um mit solchen Gefühlen umzugehen, brauchen wir unbedingt ein gutes und ausgeglichenes Selbstwertgefühl. Wir können nicht immer beeinflussen, was mit uns passiert, aber wir haben es in der Hand, wie wir gefühlsmäßig damit umgehen. Damit will ich nicht sagen, dass es immer leicht sein muss oder dass wir immer toll sind. Aber wenn wir den Kniff gelernt haben, wissen wir, dass wir durchaus okay sind. Und damit entgehen wir diesem Gefühl, Opfer zu sein. Wenn ich mein Selbstwertgefühl stärke, ist es mit der Zeit nicht mehr so wichtig, dass alle sehen, wer ich bin und was ich tue, und das aufmerksam verfolgen. Denn nun habe ich ja gelernt, mich selbst zu bestätigen. Das heißt keinesfalls, dass es ein Fehler ist, Komplimente zu mögen oder engagiert, kreativ und ehrgeizig zu sein. Aber auf das Motiv kommt es an, es muss das richtige Motiv sein, das ist wichtig: Ich tue, was ich tue, weil *ich* es tun will.

Wir sind Menschen und wir haben gewisse Bedürfnisse wie Schlaf, Essen, Liebe und vieles mehr. Diese Bedürfnisse sind für uns lebenswichtig. Ich bin davon überzeugt, dass wir Liebe und Bestätigung durch Menschen, die wir gern haben, brauchen, um unser Leben vollwertig leben zu können. Aber **erst, wenn wir uns selbst lieben, werden wir die äußere Bestätigung auch annehmen können.** Um Lob, Komplimente und Respekt annehmen zu können, müssen wir erst selbst empfinden, dass wir all das auch wert sind. Es ist interessant: Menschen, die viel Bestätigung suchen, sind es häufig nicht gewohnt, Komplimente entgegenzunehmen. Sie werden verlegen und sie wissen nicht so recht, was sie sagen sollen, wechseln gern schnell das Gesprächsthema. Zwar hungern sie förmlich nach Bestätigung, wissen aber gleichzeitig nicht richtig, was sie tun sollen, wenn diese kommt. So war es für mich, als ich von den Drogen weg und clean war. Ich sollte in einem Büro anfangen, wo viele engagierte junge Menschen arbeiteten, die alle die Welt retten wollten. Ich strengte mich wahnsinnig an, damit sie mich gut finden würden. Eigentlich hatte ich das Gefühl, gar nicht das Recht zu haben, dort zu sein. Zwar konnte ich mich schon ein bisschen selbst bestätigen, und ich konnte mich inzwischen im Spiegel ansehen und spüren, dass ich zumindest ein kleines bisschen wertvoll war. Aber im Vergleich mit allen diesen guten Menschen mit ihrer tollen Ausbildung fiel es mir schwer, mich selbstverständlich als ebenbürtig zu empfinden.

Als die Chefin beschloss, mir einen Praktikumsplatz anzubieten, war ich unglaublich dankbar. Es war für mich extra wichtig, dass besonders sie fand, ich sei gut. Als wir einmal beim Kaffeetrinken zusammensaßen, sagte sie zu mir: »Du hast so eine gute Intuition!« Das war ja ein tolles Kompliment, aber ich schlug es sofort aus und begann angestrengt zu erklären, wieso meine Intuition gut war. Sie schaute mich an und eine ärgerliche Falte erschien zwischen ihren Augenbrauen, und schließlich sagte sie: »Ich will nicht wissen, warum, ich wollte nur sagen, dass du eine gute Intuition hast.«

An dem Tag lernte ich etwas Wichtiges: Wenn man uns ein Kompliment macht, dann bedanken wir uns. Das ist doch ein Geschenk, das wir bekommen!

Selbst Komplimente zu machen funktioniert genauso. Es ist wunderbar, einen anderen Menschen zu erleben, der etwas Gutes annimmt, das man ihm oder ihr gibt. Bei meiner Arbeit als Coach mache ich deshalb viele Komplimente. Ich lobe und ermuntere meine Klienten. Ich mache sie auf ihren Mut und ihre Entwicklung aufmerksam. Die meisten bekommen von mir zur Aufgabe, vor mir »anzugeben«. Es geht dabei nicht darum, dass sie finden, sie seien besser als andere, sondern dass sie genauso gut sind, wie sie sind. Je mehr ihre Selbstachtung steigt, umso besser werden sie darin, mein Lob anzunehmen. Ich habe es bereits gesagt, und ich sage es wieder: Wenn wir gelernt haben, uns selbst zu bestätigen, können wir ganz einfach besser Lob und Komplimente annehmen, uns darüber freuen und uns dafür bedanken. So sonderbar es klingen mag, aber die Komplimente werden dann sogar weniger wichtig.

Plastische Chirurgie

Oft werde ich gefragt, wie ich zu Schönheitsoperationen stehe. Ich glaube, wenn Sie sich operieren lassen, weil Sie sich nicht mögen, werden Sie mit dem Ergebnis nie richtig zufrieden sein. Sie werden vermutlich schnell andere Stellen finden, die operiert und verändert werden sollen, denn das Problem sitzt innen. Ein Mensch, der sich entscheidet, zuerst sein Selbstwertgefühl zu verbessern, wird nach einer eventuellen Schönheitsoperation viel zufriedener sein als ein Mensch, der es umgekehrt macht.

Ich coache eine Frau, die drei Operationen hat durchführen lassen: Brust, Nase und Bauch. Sie lebt in ständiger Angst, dass ihr Mann, der nach ihrem Empfinden zu fantastisch für sie ist, sie verlassen wird. Ihr Mann darf keine Fotos von ihr sehen, die aufgenommen wurden, ehe sie sich operieren ließ. Sie hat viele Stunden damit zugebracht, wieder und wieder zu erzählen, dass er nie mit ihr zusammengekommen wäre, wenn sie nicht diese chirurgischen Eingriffe hätte durchführen lassen. Deshalb glaubt sie, dass er sie wahrscheinlich verlassen wird, wenn er mitbekommt, wie sie vorher ausgesehen hat. Um aber mit den »Anpassungen« selbst richtig zufrieden sein zu können, ist ihr Selbstwertgefühl zu gering.

Ich habe beschlossen, mich nicht operieren zu lassen, obwohl ich mit diesem Gedanken gespielt hatte. Diese Entscheidung habe ich getroffen, weil ich ein Vorbild sein will für alle die jungen Mädchen, die ich treffe. Ich will eine Frau sein, die sich mit ihren »Rollen« und »Wülsten« arrangiert hat. Manchmal denke ich: Wie dumm, dass ich mir keine neuen Brüste gekauft habe, ehe ich beschlossen habe, ein gutes Vorbild zu sein! Dann lache ich. Was für ein Gefängnis eine Beziehung wohl wäre, bei der ich glaube, mein Partner wird mich verlassen, wenn ich zunehme oder mich nicht hübscher mache!

Plastische Chirurgie kann dem Einzelnen zu einem besseren Selbstbewusstsein verhelfen. Vielleicht traue ich mich, einen Menschen anzusprechen, für den ich mich früher zu hässlich gefunden habe, oder ich wage es, mich auszuziehen, obwohl das Licht an ist. Aber wenn ich nicht gleichzeitig daran arbeite, mein Selbstwertgefühl zu stärken, werde ich mich nie darauf verlassen, dass mich mein Partner gewählt hat, weil ich die bin, die ich bin. Vermutlich wird sich das doch anfühlen, als habe er sich für eine schöne Brust entschieden. Das stimmt nicht (sollten wir wirklich hoffen), aber das ist ein Gefühl, das mich verfolgen wird, wenn ich nicht meinen Wert an sich bejahe und mein Selbstwertgefühl stärke und meine Selbstachtung festige.

Wenn Sie mit dem Gedanken spielen, sich operieren zu lassen, dann achten Sie bitte darauf, dass Sie es für sich tun und nicht für jemand anderen.

Negativer Bestätigung ausgesetzt sein

Im Rahmen meiner Tätigkeit bin ich oft unterwegs und halte Vorträge. Ich mache das gern, ich kann das ziemlich gut und ich habe die Gabe, Menschen zu berühren. Meistens ist allerdings ein Teilnehmer dabei, der mich nicht mag, das sehe ich ganz schnell. Wir signalisieren häufig sehr klar und deutlich, was und wen wir mögen und was und wen wir nicht mögen. Vor ein paar Jahren war es richtig unangenehm, wenn ich spürte, dass jemand im Publikum saß, der mich und das, worüber ich sprach, nicht mochte. Damals versuchte ich immer, die Missbilligung dieses Menschen während meines Vortrags in Wertschätzung umzuwandeln. Das tue ich nicht mehr, heute versuche ich mich auf diejenigen zu konzentrieren, die mir zuhören wollen und das aufnehmen, was sie daran anspricht und denen die anderen egal sind. Ich habe gelernt, dass diejenigen, die mich nicht mögen und die nicht zuhören wollen, ihre eigenen Gründe dafür haben, und ziemlich oft haben diese Gründe nicht einmal etwas mit mir zu tun.

Vor einigen Wochen hielt ich einen Vortrag vor etwa hundert Frauen, von denen die meisten in der Werbe- und PR-Branche arbeiten. Einige Wochen nach dem Vortrag bekam ich eine fantastische Mail.

»Hallo Mia Törnblom!

Ich werde Ihnen bestimmt aufgefallen sein, weil ich ganz vorn saß und nicht sonderlich beeindruckt wirkte. Ich ärgerte mich über Sie und fand, Sie seien in Ihrer ganzen Art ein bisschen zu forsch. Ich dachte, da kommt so eine Einunddreißigjährige (ich bin 38), die mal total am Ende war und jetzt versucht, kompetent und charmant zu sein.

Doch nach einer Weile fiel mir auf, dass ich zwar widerwillig, aber doch intensiv zuhörte. Und wissen Sie, was das Schlimmste war? Nach Ihrem Vortrag ging ich nach Hause und begann ein »Ich bin gut«-Heft, also das, was Sie empfohlen haben. Ich habe das jetzt eine Weile getan und es klappt. Das wollte ich Ihnen einfach sagen.«

Natürlich freute ich mich riesig über das, was sie schrieb, und das nicht, weil sie mich nun plötzlich mochte, sondern weil sie etwas von mir bekommen hatte, was ihr in ihrem Leben nützt. Genau darum geht es mir heute: Ich habe etwas bekommen, das ich mit anderen teilen will. Es ist nicht mehr wichtig, ob und dass mich alle mögen. An genau diese Frau erinnere ich mich tatsächlich. Es war deutlich zu sehen, dass sie eigentlich nicht zuhören wollte. Sie saß ganz vorn, die Arme hatte sie so demonstrativ verschränkt, dass es unmöglich war, sie zu übersehen. Ich erinnere mich, dass ich dachte: Was für ein Glück, dass ich ein gutes Selbstwertgefühl habe! Denn so offensichtlich, wie die mauerte, hätte ich sonst bestimmt die Krise bekommen.

Als ich anfing, Vorträge zu halten, wollte ich, dass mich alle kompetent finden. Aber heute ist mir die Begegnung mit dem Publikum wichtig und die Möglichkeit, den Zuhörern etwas geben zu können.

Andere bestätigen – und sich selbst

Wir sollen also nicht aufhören, die Bestätigung durch andere wichtig zu finden. Es *ist* wichtig, dass man gesagt bekommt, man habe gute Arbeit geleistet. Aber zu spüren, dass andere einen als guten Mitmenschen erleben, ist genauso wichtig. Denken Sie nur an die Freude, die einen von Kopf bis Fuß erfüllt, wenn man eine Liebeserklärung von jemand bekommt, den man sehr gern hat. Das können Worte sein oder eine Geste. Aber wie sie auch zum Ausdruck gebracht wird, es ist ein unbeschreiblich schönes Gefühl, eines, das wir in regelmäßigen Abständen in unserem Leben brauchen. Wir mühen uns im Alltag ab und vergessen dabei in dem grauen Einerlei vielleicht, unseren Freunden, unserer Familie oder unseren Partnern zu zeigen, dass wir sie wirklich gern haben. Ich glaube, dass wir das viel zu selten zeigen. Es kostet doch nichts! Ganz plötzlich kann jemand, den wir lieben, uns entrissen werden, und dann werden wir mit Sicherheit bereuen, was wir alles nicht gesagt haben. Dass wir ihm nicht oft genug gezeigt haben, wie viel er oder sie uns bedeutet hat. Deshalb ist es so wichtig, sich bewusst der Gegenwart zu widmen, und denen, die um uns sind, unsere Zuneigung zu zeigen.

Das Problem mit der Bestätigung von außen tritt dann auf, wenn wir ganz und gar von ihr abhängig sind. Wenn wir alles tun, damit andere uns mögen. Dann geben wir uns selbst zu wenig.

Heute ist die wichtigste Bestätigung für mich die, die ich mir selbst gebe. Und die erhalte ich, wenn ich spüre, dass ich so lebe, wie ich es andere lehre. Wenn ich es wage, meinen Platz einzunehmen und in eigener Sache aufzutreten, stärkt das sowohl mein Selbstvertrauen wie auch mein Gefühl vom eigenen Wert und meine Selbstachtung. Ich wage es, mich auf mein eigenes Urteil zu verlassen. Ich brauche die Zustimmung anderer weniger. Ich suche weniger oft die Bestätigung durch andere Menschen. Mein Selbstwertgefühl baut nicht darauf, wie andere mich sehen, sondern darauf, wie ich bin, und darauf, was ich bewerkstellige, und deshalb bin ich weniger abhängig vom Lob anderer. Ich ärgere mich seltener und bin seltener enttäuscht, weil mehrere innere Bedürfnisse zufriedengestellt werden. Meine Beziehungen zu anderen Menschen werden besser, ehrlicher, tiefer. Wenn ich mich selbst als einen Menschen betrachte, der tatkräftig ist und Verantwortung übernimmt, bereichert das automatisch mein Leben.

Und vergessen Sie nie: Wir *machen* **sicher manchmal etwas verkehrt, aber wir** *sind* **niemals verkehrt.**

4 Wie gut ist Ihr Selbstwertgefühl?

Viele von uns rauschen wie mit durchgetretenem Gaspedal durchs Leben. Mit der Zeit kann sich ein diffuses Unbehagen einstellen. Das Gefühl, man renne im Kreis, man habe etwas verpasst, etwas vergessen, übersehen. Dieses Gefühl sollte man unbedingt ernst nehmen, denn da bittet die Seele um Aufmerksamkeit. Statt abzubremsen und nachzudenken, legen viele dann den nächsthöheren Gang ein. Vielleicht nimmt man einen Drink extra oder kauft sich etwas Überflüssiges, um die Unruhe zu zerstreuen. Dem unzufriedenen Teil von sich selbst zuzuhören, geht häufig mit einem gewissen Unbehagen einher. Ein schlechtes Gewissen oder das Gefühl von Unzulänglichkeit kann entstehen und das kann zu Entschlüssen führen, die wiederum Konflikte mit Menschen in unserer Nähe mit sich bringen. Aber wenn sich unser Inneres zu Wort meldet und wir nicht zuhören, riskieren wir auf lange Sicht, in unhaltbare Lebenssituationen zu geraten, die schließlich zu schmerzlichen Krisen oder drastischen Veränderungen führen. Das ist nicht anders, als gingen wir bei Zahnschmerzen nicht zum Zahnarzt. Am Ende werden die Zahnschmerzen unerträglich und die nötigen Maßnahmen sehr viel umfangreicher, als wenn wir unmittelbar Hilfe gesucht hätten. Deshalb ist es gut, in regelmäßigen Abständen innezuhalten und uns die Frage zu stellen: Wie geht es meiner Seele? Oder einfacher ausgedrückt: Wie ist es um mein Selbstwertgefühl bestellt? Die Diagnose können Sie ganz einfach selbst stellen, indem Sie eine kleine Checkliste durchgehen.

Warnsignale für geringes Selbstwertgefühl

Sie sehen auf andere herab und reden schlecht über andere.
Wenn der Hochmut erst mal Morgenluft wittert, ist das ein typisches Zeichen dafür, dass das Selbstwertgefühl wackelt. Das Bedürfnis zu glänzen und das Gefühl, besser als andere zu sein, haben ihren Ursprung im Gegenteil – man fühlt sich eigentlich minderwertig.

Ein Mensch, der sich mag und sich selbst mit Liebe und Respekt behandelt, übernimmt auch Verantwortung dafür, seine Mitmenschen genauso zu behandeln. Mögen Sie sich und sind Sie stolz darauf, wer Sie sind und was Sie tun, haben Sie selten oder nie das Bedürfnis, auf andere Menschen herabzusehen oder über sie zu urteilen. Weder vergleichen Sie sich die ganze Zeit mit anderen noch konkurrieren Sie immerzu mit ihnen. Sie finden, dass Sie das, was Sie tun, gut machen, und zwar auch dann, wenn ein anderer auftaucht und zufällig das, was Sie gerade tun, besser macht.

Sie tun etwas (leisten etwas), um anderen zu beweisen, dass Sie es können, anstatt das zu tun, was Sie wollen.
Häufig tun wir etwas, von dem wir glauben, andere erwarteten es von uns, statt dass wir das tun, was wir eigentlich tun wollen. Man sagt Ja zu Sex, wenn man keine Lust darauf hat, oder geht auf sexuelle Vorschläge ein, die einem überhaupt nicht zusagen. Man »beweist«, dass man sich traut, indem man sich besäuft oder vielleicht sogar Drogen nimmt, vor denen man eine Heidenangst hat. Es gibt viele unglückliche Lebensschicksale, in denen Kinder gehorsam die Schritte getan haben, die ihre Eltern für sie abgesteckt hatten, statt eine berufliche Laufbahn einzuschlagen, bei der ihre eigene Begabung und Persönlichkeit zu ihrem Recht gekommen wären.

Man sagt Ja, aber meint Nein.

Sie laufen durch die Welt und fühlen sich wie ein Bluff und glauben, dass die Enthüllung jederzeit bevorstehen kann.

Wenn ich Menschen in Führungspositionen den Unterschied zwischen Selbstwertgefühl und Selbstvertrauen beschreiben soll, greife ich zu einem Trick. Um geringes Selbstwertgefühl zu erklären, sage ich immer: »Sie wissen, das ist dieses Gefühl, das einen überkommt, wenn man denkt: ›Scheibenkleister, eigentlich dürfte ich hier gar nicht sein, bald wird es den anderen auffallen, dass ich kaum als Praktikant durchgehen könnte, bald werden sie merken, dass ich eigentlich keine Ahnung von dem habe, was ich tue. Vermutlich wird über kurz oder lang alles auffliegen.‹«

Diese bedrohliche Befürchtung, irgendwann als Bluff entlarvt zu werden, ist nichts anderes als ein Zeichen für geringes Selbstwertgefühl.

Sie vergleichen sich ständig mit anderen, und Sie sind nur so lange gut, wie kein anderer besser ist.

Überlegen Sie kurz, wie oft Sie schon gedacht haben: Eigentlich kann ich das doch ziemlich gut – bis ein Mensch kam, der besser war. Dann fühlen wir uns urplötzlich wertlos. Erst haben wir uns auf einer Werteskala von 1 bis 5 als Vierer eingeschätzt, aber wenn ein Fünfer auftaucht, sausen wir abwärts bis zu einem Zweier. Es ist unerhört ermüdend, sich permanent selbst in einer Rangordnung zu platzieren, und diese Kultur der Toplisten, die überall gehegt wird, macht die Sache nicht besser. Außerdem sind wir Menschen, keine Waren. Man kann an uns nicht die gleiche Messlatte anlegen wie an Waren auf einem Marktplatz; der Menschenwert und der Marktwert sind zwei völlig verschiedene Größen. Und wenn nun jemand auf einem bestimmten Gebiet besser ist als ich? Vermutlich gibt es andere Gebiete, auf denen ich kompetenter bin – vielleicht bin ich ein erfahrenerer Pädagoge oder ich kann besser zuhören oder ich kann schneller Entschlüsse fassen. Oder warum soll ich nicht besser darin sein, Ich zu sein? Wenn wir uns die ganze Zeit nur vergleichen, wird es anstrengend, neue Menschen kennenzulernen.

Sie finden sich hässlich und Sie glauben, wenn Sie besser aussähen, wären Sie glücklicher.

Diese Warnung muss ja wohl kaum kommentiert werden: Das Glück kommt von innen – wie klischeehaft das auch klingt. Denn es ist wirklich so. Außerdem werden Sie schöner, wenn Sie glücklich sind und sich selbst mögen.

Zum Beispiel sehe ich heute jünger aus als vor neun Jahren. Das harte Leben in Kombination mit Schuld, Scham und Selbstverachtung ließ mich verbraucht und alt aussehen.

Natürlich ist es kein Fehler, so gut wie möglich aussehen zu wollen. Es macht Spaß, sich schön zu machen. Aber so lange man nicht an seiner »Innenseite« arbeitet, wird man sich an seiner »Außenseite« nie so richtig freuen können.

Eine sehr erfolgreiche Frau, die zu mir kam, gehört zu den schönsten Menschen, denen ich je begegnet bin. Ihr Körper lässt andere grün vor Neid werden und ihre Schönheit wird ihr täglich aufs Neue bestätigt. Allerdings hat sie permanent Angst, zuzunehmen. Sie sieht sich nicht gern selbst im Spiegel. Verstandesmäßig ist sie sich ihrer Schönheit bewusst, aber wenn sie sich im Spiegel sieht, fühlt sie sich nicht so. Wegen ihrer Angst vor dem Zunehmen ist sie gezwungen, ständig auf Diät zu sein – sie würde sich niemals erlauben, Kuchen oder ein Stück Schokolade zu essen. Oft lehnt sie es ab, zu Veranstaltungen zu gehen, auf denen Essen angeboten wird. Wir saßen zusammen und unterhielten uns über ihre Angst vor dem Dickwerden, und sie beschrieb mir, in was für einem Gefängnis sie lebt. Das Vertrackte ist, dass sie sich bewusst ist, wie krank dieser Zwang ist, aber sie kann sich nicht davon lösen. Sie traut sich auch nicht, sich in einen Mann zu verlieben. »Ich schaffe es nicht, jemand richtig gern zu haben, es ist so schrecklich, wenn es dann aus ist«, erzählt sie.

Ich finde das sehr traurig! Diese Frau, die eigentlich bezaubernd schön und begabt ist und die so viele Männer (und Frauen) haben wollen, traut sich nicht, einen anderen Menschen nahe an sich herankommen zu lassen, und sie selbst kann nicht einmal ihre Schönheit sehen, die andere sehen. Als wir auseinandergingen, war ich auf einmal so ungeheuer dankbar dafür, dass ich einfach ich bin. Ich bin nun wirklich keine klassische Schönheit, aber ich mag mich. Ich bin 38 Jahre. Mein Busen ist nicht mehr jugendlich fest und ich habe in meinem Leben so oft ab- und zugenommen, dass es an Bauch und Hüften Spuren hinterlassen hat. Wenn ich nackt vor dem Spiegel stehe und mich betrachte, sehe ich eigentlich ganz lustig aus. Aber ich finde mich wunderbar, ich empfinde Liebe zu mir selbst. Natürlich hat es eine Zeit lang gedauert, um soweit zu kommen, und manchmal finde ich es schade, dass ich meinen Körper zu der Zeit, als er objektiv »ansehnlicher« war, nicht zu schätzen wusste. Aber tatsächlich ist das egal. Heute habe ich zu meinem Aussehen ein unkompliziertes Verhältnis, und das ist besser, als eine Schönheit zu sein, die trotzdem nicht zufrieden ist.

Es geht darum, sich selbst und seinen Körper zu mögen. Das mag einfach klingen, aber für manche ist damit ein lebenslanger Kampf verbunden. Aber wenn ich mein Selbstwertgefühl nicht pfleglich behandele, wird mir höchstwahrscheinlich eines Tages eine kleine Monsterstimme einflüstern, ich sei ein hässliches Dickerchen, das zu rein gar nichts taugt.

Jetzt habe ich mich sehr lange beim Äußeren aufgehalten und bei der Forderung, gut auszusehen. Eigentlich will ich das gar nicht, und ich denke oft, die Welt wäre vielleicht besser, wenn wir alle blind wären. Leider ist es ja nun mal so, das wir alle ungeheuer stark beeinflusst werden von den Bildern, mit denen uns die Medien bombardieren, und wir haben uns inzwischen sogar schon daran gewöhnt, dass selbst Siebenjährige sich um Schlankheitsdiäten kümmern. Umso wichtiger ist es, dass wir als Erwachsene an unserem Selbstwertgefühl arbeiten, sodass wir den Kindern gute Vorbilder sein und ihnen zeigen können, dass wir dem Schönheitsterror der Medien etwas entgegenzusetzen haben.

5 Ein gutes und ausgewogenes Selbstwertgefühl erleichtert das Leben

Wenn ich will, dass mein Leben einfacher werden soll, muss ich mich um ein gutes und ausgeglichenes Selbstwertgefühl bemühen. Aber wie sehr wir unser Selbstwertgefühl auch trainieren, gegen die Widrigkeiten, die uns auf unserem Weg immer wieder begegnen, werden wir nie immun sein. Allerdings werden wir mit Misserfolgen, Rückschlägen, Enttäuschungen oder Trauer leichter umgehen können. Mit gefestigter Selbstachtung werden uns Möglichkeiten einfallen, die uns weg von Schuldgefühlen und Selbstanklagen lenken. Ein gesundes Selbstwertgefühl hilft uns auch, stabile und positive Beziehungen aufzubauen, die uns Kraft spenden und durch die wir besser für die Widrigkeiten des Lebens gerüstet sind. Das ist ein bisschen so, als würden wir regelmäßig Geld auf das Konto »es soll mir gut gehen« einzahlen, sodass wir im Notfall einen größeren Betrag abheben können.

Für viele Menschen ist es auch schwierig, mit Erfolgen umzugehen, selbst mit einem Erfolg in der Liebe. Wenn ihr Selbstwertgefühl sehr gering ist, kann das Menschen dazu bringen, eine Beziehung von sich aus zu beenden, ehe sie riskieren, verlassen zu werden. Sie denken, sie hätten es nicht verdient, geliebt zu werden. Genauso wie ein beruflicher Erfolg die Angst schüren kann, dass sich der Wind ja wieder drehen könnte, so dass die richtig tiefe Freude über den Erfolg ausbleibt.

Mit Widrigkeiten umgehen lernen

Hier will ich an einigen Beispielen aus meinem eigenen Leben zeigen, was für eine außergewöhnliche Waffe ein gutes Selbstwertgefühl ist, wenn die Dinge nicht so laufen, wie man es gern hätte.

Eines Tages im Frühling letzten Jahres hielt ich am selben Tag zwei Vorträge. Der erste fand im Rahmen eines Projekttages eines Beraterinnen-Netzwerks statt und lief richtig gut. Ich kam in Schwung, die Stimmung war locker, der Ton rau, aber herzlich. Wir lachten viel, und am Ende waren die Scherze recht grob. Als ich von dort wegging, dachte ich: Besser als heute brauche ich nie zu sein!

Die Zeit war knapp, und um rechtzeitig zur nächsten Veranstaltung zu kommen, musste ich ein Taxi nehmen. Mein neues Publikum bestand aus einer großen Gruppe von Lehrern und Professoren, die auf den Programmpunkt nach mir warteten. Dann sollte nämlich mitgeteilt werden, wer von ihnen einen sehr prestigeträchtigen Wettbewerb gewonnen hatte. Da war also keiner in erster Linie gekommen, um mir zuzuhören. Als ich nach vorne kam, gelang es mir nicht, mein neues Publikum einzustimmen, denn ich redete immer noch so, als hätte ich die Beraterinnen vor mir. Das Ergebnis war katastrophal. Mein neues Publikum fand mich überhaupt nicht komisch, sie sahen mich missbilligend an und lachten nicht ein einziges Mal. Bei dieser Veranstaltung ging alles schief. Ich merkte es, aber es gelang mir nicht, die Lage zu korrigieren. Im Publikum saß Per M., Abteilungsleiter eines großen Unternehmens, den ich seit Kurzem für seine Leitungsfunktion coachte. Er machte während meines Vortrags ununterbrochen Aufzeichnungen. Als ich fertig war, wollte ich nur noch zur Toilette rennen, um mich dort zu verstecken. Ich versuchte mich damit zu trösten, dass sich diese Erfahrung mit der Zeit in eine nette Geschichte umwandeln würde. Als ich herauskam, hielt Per M. mich auf und wollte wissen, ob ich vielleicht an etwas Feedback interessiert sei. Am liebsten hätte ich gerufen: »Nein!« Mir waren schmerzlich alle Fehler bewusst, die ich gemacht hatte. Aber da wir uns gerade kennengelernt hatten und ich merkte, dass er es gut meinte, beschloss ich, mir anzuhören, was er mir zu sagen hatte. Er begann so: »Mia, Sie sollten doch mal an einem Rhetorikkurs teilnehmen.« Und dann ging er haarklein alle Fehler durch, die verbessert werden mussten. Es war ein Gefühl wie ein Messer in der Brust.

Hätte ich nicht so viel an meinem Selbstwertgefühl gearbeitet, hätte ich vermutlich nicht gewagt, mich je wieder vor Menschen zu stellen und einen Vortrag zu halten. Aber zum Glück gelang es mir, **zwischen mir als Mensch und meiner Leistung zu trennen.** Und heute ist aus diesem Ereignis eine dankbare Geschichte geworden, die ich immer gern zum Besten gebe.

Das zweite Beispiel stammt aus meinem Liebesleben. Seit ich ein Teenager war, hatte ich immer einen Freund; das ging so, bis ich neunundzwanzig Jahre alt war. Ich habe in meinen Beziehungen gute und schlechte Erfahrungen gemacht. Aber in den letzten Jahren habe ich als Single gelebt, und das sind nützliche Jahre gewesen, die ich brauchte, damit die Wunden heilen und ich insgesamt gesunden konnte. Aber vor nicht allzu langer Zeit begegnete ich einem Mann, und wir fingen an auszugehen. Nach ein paar Wochen war ich wirklich hin und weg. Ich war seit über einem Jahr nicht mit einem Mann zusammen gewesen, und verliebt zu sein war so ein herrliches Gefühl. Mein Date und ich planten, uns in Thailand zu treffen, dann wollten wir zwischen den Inseln herumreisen. Nun stellen Sie sich mein Erstaunen und meine Enttäuschung vor, als er dort auftauchte und erklärte, er habe sich entschieden, mit mir Schluss zu machen, und er würde sich mit seiner Ex verloben!

Dazu muss man wissen, dass seine Ex ein zierliches, bildhübsches dunkles Mädchen ist, das Gott erschaffen haben muss, als er einen besonders guten Tag hatte. Sie hat einen perfekten Körper und so eine zarte und feminine Ausstrahlung – kurz und gut, sie ist ein Typ Frau, wie ich es nie gewesen bin und nie sein werde. Sie ist einfach ganz das Gegenteil von mir.

Wenn mir das vor ein paar Jahren passiert wäre, dann wäre ich sicher überzeugt gewesen, dass er sich gegen mich entschieden hatte, weil ich dick, hässlich, bescheuert und schlecht im Bett bin. Ich hätte viel Zeit damit zugebracht, ihn als Idioten zu bezeichnen und alle ihre Fehler wiederzukäuen, denn wenn sie auch noch so attraktiv ist, irgendetwas hätte ich bestimmt gefunden, um sie herunterzuputzen, das weiß ich. Ich hätte alles unternommen, um mir das Gefühl zu vermitteln, besser zu sein als sie.

Nun kann ich zum Glück die verschiedenen Gefühle trennen, und so konnte ich beschließen, mich weder gekränkt noch fallengelassen zu fühlen. Das bedeutet, ich »trauerte«, aber ohne jede Menge unnötiges Wiederkäuen.

Ich wurde also verlassen. Aber natürlich überlebte ich auch das. Nach einigen Wochen mit viel Eis zum Trost und beharrlichem Üben, das Vertrauen in mich selbst zurückzugewinnen, hatte ich es am Ende auch wieder. Natürlich geht es mir immer noch manchmal verloren, aber dann trainiere ich Zuversichtlich-Sein: Ich werde wieder die Liebe finden, das weiß ich. Kein einziges Mal denke ich, dass ich verlassen wurde, weil ich nicht gut genug war.

Sich nicht als Opfer fühlen zu müssen, ist eine Freiheit von unschätzbarem Wert. Schon möglich, dass ich, wenn ich mal alt bin, eine von diesen wunderbaren unverheirateten Frau sein werde, die mit irre großen Hüten und extravaganten Kleidern bei allen Hochzeiten und Beerdigungen erscheinen und nie jemand getroffen haben, dem sie all ihre Liebe schenken können, die aber sehr glücklich sind. Natürlich hoffe ich, dass es so nicht wird, denn ich sehne mich danach, viel Liebe geben und empfangen zu dürfen. Aber wenn es denn so wird, dann ist das auch ganz okay. Ich habe auf jeden Fall beschlossen, alles zu tun, um glücklich zu sein. Wenn alles hoffnungslos zu sein scheint (was natürlich manchmal vorkommt), dann sage ich mir, dass der Mann in meinem Leben so fantastisch sein wird, dass sich das Warten gelohnt hat. In der Zwischenzeit genieße ich das Leben.

Zusammenfassend: Es ist viel einfacher, mit seinen persönlichen Irrtümern und Rückschlägen umzugehen, wenn das Selbstwertgefühl stark ist. Ich traue mich mehr, ich traue mich, viele Menschen, Umgebungen und Situationen kennenzulernen, denn ich bin sicher, dass ich schon alles überleben werde. Ich schließe mich nicht aus Angst ein, neue Erfahrungen könnten wehtun, ich ärgere mich nicht sonderlich, dass ich mal Fehler mache – **ein Fehler ist eine nützliche Lehre, die hilft, neue Fehler zu vermeiden.**

6 Voraussetzungen für ein gutes Selbstwertgefühl

Ich bin fest davon überzeugt, dass wir, um ein gutes und gesundes Selbstwertgefühl aufzubauen, die Verantwortung dafür übernehmen müssen, wie wir unser Leben gestalten. Damit meine ich, dass wir trainieren müssen, bewusst zu leben. Dass wir uns selbst gegenüber ehrlich sind und nach unseren eigenen Normen und Werten leben. Dass wir in dem, was wir tun und wie wir es tun, präsent sind.

Sorgsam mit dem Hier und Jetzt umgehen

Eine Freundin drückte es einmal sehr drastisch aus: »Wenn man immer mit einem Bein in der Vergangenheit steht und mit einem in der Zukunft, dann pinkelt man doch auf die Gegenwart.«

Indem wir alte Kränkungen wiederkäuen oder uns um etwas Sorgen machen, was noch nicht eingetroffen ist und was vermutlich so auch nicht eintreffen wird, verbrauchen wir eine Menge Energie, die wir dann nötig haben, wenn wir in Schwierigkeiten geraten. Viele denken, es sei verhängnisvoll, die guten Stunden des Lebens in vollen Zügen zu genießen, denn dann würde der Rückschlag nur umso kräftiger ausfallen. Aber so ist es nicht. Je mehr wir das zu schätzen wissen, was wir hier und jetzt haben, umso größer sind unsere Ressourcen für die Herausforderungen, denen wir vielleicht morgen gegenüberstehen. Und viele Rückschläge bleiben sogar aus, wenn wir nicht regelmäßig immer nur das Schlimmste erwarten. Es ist kreativ, im Hier und Jetzt präsent zu sein.

Zum ersten Mal wurde ich darauf aufmerksam, als eine kluge Frau, die mich gut kannte, zu mir sagte: »Es ist wichtig, dass du zu Hause bist, wenn du zu Hause bist, und in der Arbeit, wenn du in der Arbeit bist.«

Ich dachte: Spinnt sie? Das versteht sich doch von selbst! Also antwortete ich: »Das ist doch selbstverständlich! Wenn ich zu Hause bin, bin ich zu Hause, und wenn ich an meinem Arbeitsplatz bin, dann bin ich an meinem Arbeitsplatz.«

»Auch in Gedanken?«, fragte sie.

Erinnern Sie sich, in wie vielen Besprechungen Sie gesessen haben, ohne eigentlich anwesend gewesen zu sein? Wie oft haben Sie mit Ihren Kindern gespielt und gleichzeitig in Gedanken die Teamsitzung am nächsten Montag geplant? Und an all die Gelegenheiten, bei denen Sie einem Menschen gegenübergesessen und sich überlegt haben, was er oder sie von Ihnen denkt, statt richtig zuzuhören, was dieser Mensch eigentlich sagt. Wie viele menschliche Begegnungen verpasst man auf diese Weise!

Die eigenen Mängel akzeptieren

Perfekt werden wir nie sein, es wird immer etwas geben, in dem wir besser werden können. In erster Linie müssen wir uns so, wie wir sind, akzeptieren und mögen – mit allen Fehlern und Mängeln, innerlichen und äußerlichen.

Oft höre ich mich selbst zu Menschen sagen: »Sie müssen darauf achten, dass Ihre Gedanken und Gefühle zu Ihrer Person mit denen gleichwertig sind, die Sie einem richtig guten Freund entgegenbringen. Denselben Respekt, den Sie einem Freund entgegenbringen, müssen Sie auch sich selbst gegenüber zeigen.« Viel zu häufig wünschen wir uns, ein anderer zu sein, und verschwenden Zeit auf Gedanken, die alle anfangen: Wenn ich nur …

Wir müssen aufhören, uns selbst zu prügeln und uns als untauglich zu betrachten. Können wir uns nicht einfach darauf einigen, dass es ganz und gar *unmodern* ist, auf sich selbst herumzuhacken? Selbstanklagen sind einfach nur töricht und überflüssig. Sie schaden der Selbstachtung. Hingegen ist es wichtig, die Verantwortung für unsere Irrtümer und Fehler zu übernehmen. Wir sind bereits für unsere Gedanken verantwortlich, denn unsere Gedanken werden schließlich nach und nach zu Taten, und das, was wir tun, macht einen großen Teil unseres Lebens aus. Deshalb ist es so wichtig, dass man die Verantwortung übernimmt, wenn man einen Fehler gemacht hat. Das tut man, indem man um Entschuldigung bittet und so schnell wie möglich seinen Irrtum korrigiert. Es reicht bei Weitem nicht immer, einfach nur Entschuldigung zu sagen oder einsichtig zu sein. Eine Entschuldigung ohne eine Veränderung hat doch überhaupt nichts zu bedeuten. Die Veränderung ist wichtig. Oft behaupten Menschen, sie hätten sich verändert, aber beweisen können sie das nur, indem sie sich anders verhalten als früher. Um Entschuldigung zu bitten und seinen Irrtum zuzugeben ist keine Niederlage. Im Gegenteil, es ist mutig und verantwortlich.

Aber nicht nur anderen gegenüber müssen wir für Fehler, die wir begangen haben, um Entschuldigung bitten. Wir müssen uns auch selbst verzeihen. Für viele ist das am schwersten. Aber wollen wir unsere Selbstachtung vergrößern, ist es nötig, uns selbst Dinge zu verzeihen, die wir getan haben. Sonst steht unserer persönlichen Entwicklung eine Menge Schuld und Scham im Wege.

Lebe ich das Leben, das ich leben will?

 Die folgende Übung stelle ich allen, die von mir gecoacht werden:

Ihnen bleiben noch drei Monate zu leben. In diesen Wochen werden Sie weder körperliche Beschwerden plagen noch werden Sie finanzielle Sorgen haben.

Wie möchten Sie in diesen letzten Monaten Ihres Lebens leben?

Was ist Ihnen wichtig?

_____

Welche Menschen und welche Beziehungen sind Ihnen wichtig?

_____

Verschlingt zurzeit irgendetwas oder irgendjemand übermäßig viel von Ihrer Zeit?

_____

Würden Sie das gern ändern?

_____

Was ist das eigentlich Wichtige?

_____

Würden Sie arbeiten?

_____

Würden Sie reisen?

_____

Es ist hochinteressant, wie individuell die Antworten auf diese Aufgabe ausfallen. Für viele wird das Bearbeiten dieses Fragebogens zu einem richtigen Aha-Erlebnis: Vielleicht ist es jetzt an der Zeit, all das zu tun und zu sagen, was eigentlich wirklich wichtig für mich ist, statt immer nur zu warten, bis mich womöglich eine Todesnachricht erreicht?

Das war meine Erfahrung, als ich den Mann verlor, den ich liebte und der viel zu jung starb. Nutze das Leben heute – es ist keinesfalls selbstverständlich, dass du es morgen noch kannst.

Sich ernsthaft vorzustellen, wie man sein Leben gestalten würde, wenn einem nur noch eine gewisse Zeitspanne bliebe, ist manchmal hilfreich.

Ein kluger Mann sagte einmal, wir bereuten nur das, was wir *nicht* getan hätten. Sich grämen, weil man etwas getan hat, worauf man nicht stolz ist, und was man am liebsten ungeschehen machen würde, ist etwas anderes als etwas zu bereuen. Im Übrigen ist es sinnlos, Dinge zu bereuen, die in der Vergangenheit passiert sind, wir können sie ja doch nicht ungeschehen machen. Da kann man doch auch gleich so denken, wie Edith Piaf sang: »Je ne regrette rien« – »Ich bereue nichts«. Aber das bedeutet auf keinen Fall, dass wir darauf zu verzichten sollen, bei Fehlern um Entschuldigung zu bitten und zu versuchen, diese wieder einzurenken.

Persönliche Integrität

Wie lernt man, Nein zu sagen und Grenzen zu setzen? Das werde ich sehr häufig gefragt. Einmal erklärte eine Frau, es sei viel leichter, Ja zu sagen, denn ein Ja habe nur zwei Buchstaben, aber ein Nein habe vier. Natürlich lachte ich über ihre listige Antwort. Aber das Traurige ist doch, dass wir viel zu oft Ja zu etwas sagen, das wir eigentlich nicht tun wollen. Uns geht es dabei nicht einmal gut – wir tun es nur, damit andere uns mögen. Oder weil wir Angst haben, sie würden uns sonst ablehnen oder sie seien sonst von uns enttäuscht. Aber man kann unmöglich durchs Leben gehen, ohne andere zu enttäuschen, denn sie haben ja *ihre* Erwartungen, Träume und Ziele. Ambitionen unterschiedlicher Individuen kollidieren dann und wann, das ist unausweichlich. Wir können nicht mit allen jederzeit bei allem übereinstimmen, wir können auch unmöglich von allen Menschen immerzu gemocht werden. Deshalb ist es wichtig, es offen anzusprechen, wenn wir das Gefühl haben, jemand stellt etwas mit uns an, das wir nicht okay finden.

Oft bekomme ich Sachen zu hören wie zum Beispiel: »Er hätte wissen müssen, dass sich das nicht gehört« oder »Sie hätte begreifen müssen, dass es mich betroffen macht, wenn sie so etwas sagt«. Vielleicht ist es manchmal wahr, dass irgendjemand irgendetwas hätte begreifen oder verstehen »müssen«. Aber wenn das nun mal nicht der Fall war, so haben wir die Pflicht und Schuldigkeit, demjenigen zu sagen, wo wir stehen. Das ist für uns wichtig, denn wir haben uns schließlich eine gefestigte Selbstachtung zum Ziel gesetzt. Wenn wir glücklich werden wollen, müssen wir auch für uns einstehen.

Mit persönlicher Integrität meine ich, **zu sich selbst und vor sich selbst wahrhaftig sein.** Auch damit verteidigen wir unsere Grenzen und unsere Ansichten. Welche das sind, das können wir nur selbst entscheiden. Dabei spielt Ehrlichkeit eine Rolle. Aber ehrlich zu sein und immer seine Meinung zu sagen ist nicht unbedingt dasselbe, will ich sicherheitshalber ergänzen. »Die Wahrheit« und »meine Ansichten« können oft auseinandergehen. Manchmal habe ich mit Menschen zu tun, die meinen , sie hätten ein Problem damit, »zu ehrlich« zu sein. Ich glaube nicht, dass das stimmt. Ich denke vielmehr, dass sie etwas vermischen, nämlich ihre Ansicht, also das, was sie finden und meinen, und die Wahrheit. Und diese Menschen sehen sich »gezwungen«, allen Menschen ihrer Umgebung diese *ihre* Wahrheit ein bisschen zu häufig und ohne dass sie danach gefragt wurden aufzudrängen. Wenn ich finde, dass der Pulli meines Gegenübers hässlich ist, dann ist das meine Meinung und nicht die Wahrheit. Und diese Meinung ist doch nicht so wichtig, dass ich sie hinausposaunen muss – zumal sie verletzen kann.

Versprechen einzuhalten gehört ebenfalls zu meiner persönlichen Integrität. Natürlich müssen und sollen wir eine Entscheidung ändern, wenn sich im Nachhinein zeigt, dass sie unklug war. Aber Sachen, die wir versprochen haben, einfach abzublasen – das geht nicht, ohne dass unsere Selbstachtung Schaden nimmt. Außerdem enttäuschen wir damit vermutlich auch einen anderen Menschen.

Gibt es in Ihrem Leben Menschen, mit denen Sie es nicht leicht haben? Bei denen es Ihnen nicht gut geht? Dann, meine ich, sollten diese Beziehungen nicht in unveränderter Weise weitergehen. Aber diese Veränderung herbeizuführen, dafür tragen Sie die Verantwortung. Manchmal gebe ich Klienten den Rat, unter ihren Beziehungen »aufzuräumen«. Haben Sie zum Beispiel einen Freund, der nicht zu würdigen weiß, dass Sie sich verändern und weiterentwickeln und der das gemein kommentiert? Ist das dann ein richtiger Freund? Ich finde nicht, dass man unbedingt den Kontakt abbrechen und die Beziehung zu diesem Menschen beenden muss. Aber es ist wichtig, dass Sie sich Gedanken darüber machen, was Sie mit diesem Menschen verbindet. Wenn er oder sie sich aus irgendeinem Grund nicht mit Ihnen freuen kann und Sie sich dennoch dafür entscheiden, Ihre Gefühle, Träume und Besorgnisse mit dem Betreffenden zu teilen, werden Sie mit größter Sicherheit enttäuscht werden und sich vielleicht sogar gekränkt fühlen. **Beim Aussuchen der Menschen, die uns als Freunde nahe sein dürfen, sollten wir äußerst wählerisch sein.** Das ist genauso wichtig, wie andere so zu behandeln, wie wir selbst behandelt werden wollen. In eine Beziehung, die von Neid oder Bosheit infiziert ist, hat sich etwas Unehrliches eingeschlichen.

Persönliche Integrität kann durchaus bedeuten, dass man sich einbringt. Im Grunde möchte ich sogar dazu ermuntern. Weniges wird bei meinen Vorträgen so sehr geschätzt, als wenn ich von meinen Irrtümern oder Bauchlandungen berichte. Oft ernte ich spontanes Gelächter, wenn ich zum Beispiel von einem der Schnitzer erzähle, den ich einmal an einem Arbeitsplatz machte. Ich sollte meine erste Rechnung schicken, es ging um die Austauschreise eines jungen Mädchens in die Ukraine. Als Teilnahmegebühr sollte sie 3500 Kronen bezahlen. Ich schickte ihr stattdessen eine Rechnung über 350 000 Kronen. Falls wider Erwarten jemand findet, ich sei ein unfähiger Mensch, weil ich mich so ungeschickt angestellt habe, dann macht mir das heute nichts mehr aus. Aber hätte mir das damals jemand gesagt, als ich den Fehler machte, hätte mich das sehr bedrückt.

Wenn es Ihnen oft passiert, dass Sie sich enttäuscht fühlen von Ihren Freunden und wie diese die Freundschaft gestalten, wäre es vielleicht gut, wenn Sie sich Folgendes zur Regel machten: Erzählen Sie ruhig von allen möglichen Sachen und Erlebnissen, zu denen Sie einen gewissen Abstand haben, woraus also mittlerweile nette Geschichten geworden sind. Seien Sie hingegen vorsichtig beim Erzählen von dem, was Sie eigentlich nur mit wirklich nahen Freunden teilen wollen.

Um nicht so oft enttäuscht zu werden, kann es auch ratsam sein, sich dann und wann zu fragen: Warum verkehre ich mit diesen Freunden? Oder: Warum bin ich mit meinem Partner zusammen? Wenn die Antwort auf diese Fragen negativ ausfällt: »Weil ich nicht allein sein will« oder »Ich bin vielleicht nicht mehr verliebt, aber er/sie kennt mich doch so gut« – dann wird es höchste Zeit etwas zu unternehmen. Arbeiten Sie daran, die Liebe wiederzufinden, oder gehen Sie weiter. Bleiben Sie niemals aus falschen Gründen, denn ungesunde, stagnierende oder gar destruktive Beziehungen sind gar nicht gut für Ihre Selbstachtung.

Wenn Sie von sich selbst sprechen, vermeiden Sie das Wort »schlecht«. Sagen Sie einfach, »ich muss mich noch darin üben …« oder »ich bin weniger gut in …« oder etwas in der Art, wenn Sie von Ihren Eigenschaften sprechen. Das mag im ersten Moment komisch klingen, aber es ist enorm wichtig. »Schlecht« lässt sich nur schwer in »gut« umwandeln. Da ist es viel leichter, »weniger gut« in »gut« zu wenden, »gering« in »groß«, »schwach« in »stark«. Die Kraft der Gedanken ist unglaublich stark. Wir werden zu dem, von dem wir denken, dass wir es sind.

Es ist wichtig, die Verantwortung zu übernehmen für:

- Ihr eigenes Tun
- Ihre Entscheidungen
- Ihre Wünsche und Träume
- Ihre Wahl des Partners
- Ihren Umgang mit Menschen – am Arbeitsplatz und im Privatleben
- Ihr eigenes Glück.

7 Ehrlichkeit

Je mehr Drogen ich damals nahm, desto mehr fühlte ich mich gezwungen, mein Verhalten durch Lügen zu rechtfertigen. Ich wurde nicht über Nacht von einem ehrlichen zu einem unehrlichen Menschen. Irgendetwas passierte da mit mir Stück für Stück. Ich verschob die Grenzen immer noch ein bisschen weiter. Am Ende war ich so weit, dass ich meine eigenen Lügen glaubte. Wie nicht anders zu erwarten, trugen mein Selbstwertgefühl und meine Selbstachtung den Schaden davon.

Ich bin in demokratischem Geist erzogen worden. So lernte ich schon früh, dass alle Menschen gleich wertvoll sind und dass man sich um seine Mitmenschen kümmern soll. Meine Familie gab mir also stabile Normen und Werte mit auf den Weg, aber es gelang mir trotzdem, sie unterwegs nach und nach zu verlieren! Das lag daran, dass ich wider besseres Wissen lebte und nicht, wie ich es gelernt hatte. Dadurch war ich geradezu gezwungen, mein Verhalten mit Hilfe von Lügen zu legitimieren. Schrittweise verwandelte sich mein ständig neuer Selbstbetrug in eine einzige große Lebenslüge.

In dem Heim, in dem ich gesund wurde, bekam ich Unterstützung, um das zu erkennen. Ich beschloss, mit dem Lügen aufzuhören. Anfangs schien das einfach zu sein, es ging ganz leicht. Aber ziemlich schnell merkte ich, dass ich wie aus einem Reflex heraus log, dass ich immer noch »etwas zulegte« oder »etwas abzog«, wenn ich Fragen beantwortete. Wie zum Beispiel einmal, als mich ein Kollege fragte, wie viele Fernsehkanäle ich empfangen kann. »Siebzehn.« Als ich meine Antwort hörte, erschrak ich furchtbar beim Gedanken an die Konsequenzen, die das haben könnte. Deshalb korrigierte ich mich schnell. »Das war gelogen«, sagte ich. »Ich bekomme nur sieben Kanäle rein.«

Mein Kollege sah mich verwundert an und ging dann achselzuckend weg. Aber für mich war enorm wichtig, diese an sich so nebensächliche Lüge zu korrigieren.

Es ist ziemlich peinlich, seine Reflexlügen korrigieren zu müssen. Aber es ist sehr effektiv. Wenn Sie ein Problem damit haben, ehrlich zu sein, schließen Sie mit sich selbst ein Abkommen: Das nächste Mal, wenn Sie sich beim Lügen ertappen, gestehen Sie die Lüge ein. Ich denke, **wir lügen meistens, um uns selbst ein bisschen interessanter zu machen**, als wir glauben, dass wir sind. Und weil wir glauben, dass unsere Umgebung dann mehr von uns hält. Außerdem lügen wir, um bestimmte Gedanken, Gefühle und Handlungen zu bemänteln, hinter denen wir nicht stehen oder deren Konsequenzen wir ausweichen wollen.

Was ist denn Ehrlichkeit? Ist Ehrlichkeit denn kurz und gut nichts anderes, als nicht zu stehlen oder zu lügen? Leider glaube ich das nicht mehr. Damals, nachdem ich mich vom Lügen und Stehlen abgewandt hatte, glaubte ich, das reiche. Ich musste aber doch lernen, dass es so einfach nicht ist.

Zum Beispiel ertappte ich mich dabei, dass ich in einem Konflikt zu beiden Partnern hielt. Wenn ich mit Nils redete, war ich auf seiner Seite und fand, dass er Recht habe und Peter im Irrtum sei. Wenn ich mit Peter redete, fand ich, dass er Recht habe und Nils sich irrte. Eines Tages sagte mir mein Bauch, dass es unehrlich ist, den einen Tag zu Nils zu halten, den anderen zu Peter. Da begriff ich, mein Gewissen hatte mich eingeholt. Danach sah ich ein, dass ich auch dann unehrlich bin, wenn ich nicht Grenzen setze für das, was ich okay finde. Wenn ich mit Menschen arbeite, denen es schwerfällt, Grenzen zu setzen oder nein zu sagen, sind die oft sehr erstaunt, wenn ich behaupte, das sei unehrlich. Vor Kurzem habe ich das an mir selbst erfahren müssen.

Ich habe einer Frau über einen längeren Zeitraum bei einem Projekt geholfen. Wir trafen uns regelmäßig, und ich gab ihr Ratschläge. Wir hatten eine Absprache, wie das vor sich gehen sollte. Als wir diese Absprache trafen, hatte ich sehr viel mehr Zeit zur Verfügung, und ich hatte geglaubt, dass ihr Projekt sehr viel eher beendet sein würde, als es dann der Fall war. Ich ertappte mich dabei, wie ich nach und nach sauer wurde, weil es so viel Zeit kostete und nie fertig zu werden schien. Obwohl ich es ihr nie sagte, ärgerte ich mich, dass die Frau nicht begriff, dass ich noch andere Dinge zu tun hatte. Er wurmte mich immer mehr, und am Ende war ich sowohl auf die Frau wie auf ihr Projekt sauer. Dann setzte ich mich hin und schrieb alles auf. »Ich ärgere mich über Malin, weil sie so viel von meiner Zeit in Anspruch nimmt und weil sie nicht begreift, dass ich Wichtigeres zu tun habe.« Als ich mich fragte, wo mein Anteil an dem Ganzen liegt, wurde es mir schlagartig klar: Ich hatte ihr ja nicht gesagt, dass ich keine Zeit mehr hatte, ihr zu helfen, sondern ich fand, sie hätte es merken müssen. Ich war ganz einfach unehrlich gewesen. Daraufhin rief ich sie an und sagte ihr, wie es aussah, nämlich dass mich dieses Projekt unter Druck setze, weil ich so wenig Zeit übrig hätte und ich deshalb unsere Zusammenarbeit beenden müsse. Sie machte überhaupt keine Schwierigkeiten. Ich war so erleichtert, als hätte man mir ein tonnenschweres Gewicht von den Schultern genommen.

Manchmal ist es unangenehm, offen zu sagen, dass einem etwas zu viel wird, oder zu erzählen, dass man sich geändert hat. Aber es ist immer das Beste, genau das zu tun. Wenn ich die Zusammenarbeit mit Malin fortgeführt hätte, obwohl ich es eigentlich nicht wollte, wäre ich am Ende womöglich richtig sauer auf sie gewesen, schlimmstenfalls hätte ich versucht, eine Menge Fehler an ihr zu finden, um zu rechtfertigen, warum ich keine Zeit mehr für ihr Projekt habe. Jetzt ging es bei meinem Abspringen nur um mich und meine fehlende Zeit, nicht um sie, was viel gerechter ist, denn genau so war es ja.

Bei meiner Arbeit höre ich oft Sätze wie diesen: »Aber er hätte es doch merken/verstehen/begreifen müssen, ich habe ihm doch auf alle mögliche Weise gezeigt, dass ich nicht will!«

Dann antworte ich immer: »Haben Sie es ihm oder ihr gesagt?« Wenn die anderen es nicht merken, haben wir aller Wahrscheinlichkeit nach zu undeutlich zum Ausdruck gebracht, was wir wollen und was wir nicht wollen.

Das Wichtigste bei der Ehrlichkeit ist, sich selbst und seinen eigenen Normen und Werten gegenüber ehrlich zu sein. Es ist nötig, innezuhalten und sich selbst zu fragen: Will ich das hier? Tue ich eigentlich, was ich tun will?

Wenn man möchte, kann man versuchen, zwischen Ehrlichkeit und Aufrichtigkeit zu unterscheiden. Aufrichtig zu sein bedeutet, geradeheraus zu sagen, was man findet. Das muss man nicht immer. Extrem aufrichtige Menschen verletzen häufig andere. Man kann ehrlich sein, obwohl man nicht immer ganz aufrichtig ist in den Kommentaren zu dem, wie man etwas bei anderen findet, zum Beispiel ihren Geschmack oder ihre Eltern oder was auch immer, Dinge, auf die Menschen eben empfindlich reagieren. Ehrlich zu sein ist also auf keinen Fall dasselbe wie immer und in jeder Situation exakt das zu sagen, was man denkt. Hingegen wird es vielen damit gut oder besser gehen, wenn sie ehrlich äußern, wie sie sich fühlen: Wenn zum Beispiel Ihr Partner oder Freund etwas sagt oder tut, was Sie verletzt, ist es besser, darüber zu sprechen. Es ist besser, dem anderen zu sagen, wie Sie sich fühlen, wenn er oder sie so etwas tut oder sagt, als wenn Sie »Mistkerl« oder »blöde Kuh« rufen, auch wenn Sie genau das in dem Moment denken!

Um einen anderen Menschen zu schützen, muss man manchmal auch leugnen, etwas zu wissen, was man faktisch weiß. Als Coach unterliege ich der Schweigepflicht, und so kommt es vor, dass ich manches Mal abstreiten muss, von Sachen zu wissen, von denen ich aber durchaus weiß. Deshalb bin ich trotzdem kein unehrlicher Mensch. Unehrlich wäre ich dann, wenn ich ein Versprechen breche, das ich jemandem gegeben habe. Damit breche ich außerdem noch das Vertrauen, das mir entgegengebracht wurde.

Wie wir den Begriff Ehrlichkeit auch drehen und wenden, am Ende geht es um das, was wir zu anderen Menschen sagen oder nicht. Aber ich möchte behaupten, dass die schlimmste Unehrlichkeit diejenige ist, die sich darin ausdrückt, dass wir uns selbst als wertlos, unfähig oder schlecht betrachten. Geringes Selbstwertgefühl ist ganz einfach von Natur aus unehrlich.

8 Lachen und Freude

Ich bin davon überzeugt, dass ich mich von meinem Drogenmissbrauch nie mehr erholt hätte, wenn ich nicht gelernt hätte, über all das zu lachen, was ich in den Jahren angestellt habe und dem ich ausgesetzt war. Das Tragikomische darin zu entdecken. Humor ist ein Gottesgeschenk. Lachen und Freude sind Balsam für die Seele. Aber um über mich selbst lachen zu können und über das, was ich mitgemacht habe, musste ich mich erst mit meiner Geschichte versöhnen und mir selbst dafür vergeben, dass es so wurde, wie es wurde.

Einen Rat gebe ich jederzeit sehr gerne allen Menschen (auch denen, die nicht darum gebeten haben): Finden Sie jeden Tag etwas, worüber Sie lachen können. Ein Tag ohne Lachen ist ein vergeudeter Tag. Selbst wenn einen Sorgen und Trauer schwer belasten, ist es äußerst wichtig, mal ein bisschen zu lachen, auch um die Trauer zu bewältigen.

Trainieren Sie, das Dramatische herauszunehmen – das gilt für Sie und für das, was in Ihrem Leben passiert. Wenn es Ihnen schwerfällt, zu lachen und Freude zu empfinden, weil um Sie herum alles so ernst ist, sollten Sie schleunigst herausfinden, was Sie zum Lachen bringt. Gehen Sie ins Kino, leihen Sie sich amüsante Filme aus, lesen Sie vergnügliche Bücher, schauen Sie sich eine witzige Show an, schneiden Sie vorm Spiegel Grimassen. Und suchen Sie viel Kontakt zu Kindern, denn die machen so viel Spaß! Lachen ist eine unglaublich wichtige und heilende Kraft, davon können wir nie genug bekommen.

Wenn mir manchmal aus heiterem Himmel all die idiotischen und kopflosen Sachen einfallen, die ich angestellt habe, muss ich einfach lachen. Wie total hysterisch alles war! Die Distanz hilft natürlich. Denn als ich mittendrin in dem ganzen Elend steckte, fand ich es natürlich gar nicht zum Lachen. Heute kann ich mich über die Befreiung daraus freuen und darüber, dass mein Leben nicht mehr so aussieht wie damals.

Als sich Kalle, meine große Liebe, das Leben nahm, war das ein furchtbarer Schlag. Schreckliche Schuldgefühle quälten mich. Nur wenige Wochen vorher war ich so frustriert gewesen, dass ich dachte, es sei vielleicht besser, er stürbe, als dass er mit dem Heroin weitermacht. Ich selbst war damals ja schon clean. Als er dann starb, weil er sich nicht aus dem Drogenmissbrauch befreien konnte, holten mich Selbstvorwürfe ein. Nach einer Zeit tiefen Schmerzes setzte ich mich hin und schrieb Kalle einen Brief (wir waren sieben Jahre zusammen gewesen, und ich hatte ihn sehr geliebt). Anfangs kam da viel Wut ans Licht. Ich war wütend auf ihn, weil er nicht mehr bei mir war. Ich hatte zum ersten Mal einen Menschen verloren, der mir nahestand, und ich wusste nicht, was man tut, wenn man trauert. Ich hatte Angst, etwas falsch zu machen, und ich glaubte nicht, dass man mitten in seiner Trauer zum Beispiel lachen darf. Ich war sauer auf ihn, weil er nicht kam und sich mir zeigte. Ich wollte, dass er das tun würde, was sie in diesen amerikanischen Filmen tun – wenigstens konnte er doch wohl die Gardinen wehen lassen oder etwas in der Art.

Nach diesem ersten sehr wütenden Brief schrieb ich noch viele mehr. Am Schluss traf ich mit Kalle eine Abmachung. Wir schlossen einen Vertrag, ich und Kalle, obwohl er tot war. Ich beschloss, dass ich mit ihm sprechen und ihn um Hilfe bitten konnte, wann immer ich wollte. Obwohl ich ihn nicht gesehen habe, seit er gegangen ist, beschloss ich, dass er immer in meiner Nähe ist und auf mich aufpasst. Das gibt mir ein Gefühl von Geborgenheit und Sicherheit. In dem Vertrag notierte ich auch, dass wir uns gegenseitig alle Verletzungen vergeben, die wir einander zugefügt haben. Außerdem hob ich hervor, es sei wichtig für mich, mal lachen zu dürfen, wenn alles für mich zu schwer werden würde, die Trauer um ihn und mein Kummer, ihn nicht treffen zu können. In dem Vertrag steht außerdem noch, dass er nun Ruhe gefunden hat und dass es ihm gut geht.

Wenige Menschen haben so großen Einfluss auf mich gehabt

wie er, und deshalb wird er auch für den Rest meines Lebens bei mir sein. Es ist acht Jahr her, seit er ging, aber er bringt mich noch immer zum Lachen. Er war unglaublich amüsant, und manchmal, wenn ich mich ein bisschen aufheitern will, dann denke ich daran.

Achten Sie darauf, dass Sie Menschen um sich haben, mit denen Sie lachen können! Damals, als mein Leben an seinem Tiefpunkt angekommen war, als mein Selbstwertgefühl nur noch aus Selbstverachtung bestand, da konnte ich andere nur *auslachen*, ich konnte nie *mit* ihnen lachen. Damals war Schadenfreude wirklich meine reinste Freude. Wenn einem Menschen, auf den ich sauer war, irgendetwas Schlimmes zustieß, dann war ich schadenfroh. Kein Wunder, dass ich mich so allein fühlte.

Heute empfinde ich sehr viel Liebe und Wärme für die Menschen. Wir kämpfen alle mit unseren großen und kleinen Geschichten. Oft machen wir etwas falsch, obwohl wir es richtig machen wollen. Manchmal glauben wir, wir seien größer, als wir sind, manchmal glauben wir, wir seien so winzig, dass wir kaum zu sehen sind. **Aber alle sind wir einzigartig – jeder von uns.**

Wenn ich Liebe zu dem Menschlichen in mir und allen anderen spüre, dann ist es ganz leicht, Lachen und Freude zu finden.

9 Das »Ich bin gut«-Heft

Sich selbst anerkennen und bestätigen

Bei einem Marathonlauf würde kein Mensch auf die Idee kommen, ohne jedes Training an den Start zu gehen und zu denken, ach, das werde ich schon hinbekommen. Im Leben dagegen, das doch in vieler Hinsicht einem Marathonlauf gleicht, erwarten wir, dass wir einfach so zurechtkommen. Dabei sind viele von uns vollkommen untrainiert. Im Leben, anders als bei einem Marathonlauf, laufen unsere Mitkonkurrenten außerdem oft in die entgegengesetzte oder in irgendeine andere Richtung, weshalb es nicht selten zu Zusammenstößen kommt. Komisch ist daran eigentlich nur, dass es uns erstaunt.

Wenn ich von Selbstwertgefühl spreche, ziehe ich oft den Vergleich zur Kondition. Gute Kondition ist ja nicht etwas, das wir einmal trainieren und dann für den Rest unseres Lebens ohne die kleinste Anstrengung haben. Genau wie Kondition ist Selbstwertgefühl ein »Frischeprodukt«, und wir müssen unser Leben lang trainieren, damit es nicht verschwindet. Wir müssen täglich dafür sorgen, dass es funktionsfähig bleibt. Alles läuft eigentlich darauf hinaus, sich selbst zu prüfen: Welche Normen und Werte habe ich? Tue ich, was in meinen Kräften steht, um so zu leben, wie ich weiß, dass es richtig ist? Bin ich die Frau/der Mann, die/der ich sein möchte? Danach muss ich lernen, mich selbst zu bestätigen.

Und jetzt ist es an der Zeit, von der Theorie zur Praxis zu kommen. Nur wer handelt, verwandelt.

Bitte aufschreiben!

Wie ich in den früheren Kapiteln beständig hervorgehoben habe, ist es für ein gutes Selbstwertgefühl wichtig, sich selbst zu bestätigen. Das kann und muss man lernen, und dafür habe ich das »Ich bin gut«-Heft entwickelt, eine Art Tagebuch. Dahinter steht die Idee, dass Sie am Ende eines Tages einige Minuten darauf verwenden, dort hineinzuschreiben. Am Anfang gibt es drei Rubriken. Nachdem wir mehrere Monate regelmäßig in das Heft eingetragen haben, kommt eine vierte Rubrik dazu. Die ersten drei Rubriken sind: »Gut«, »Danke«, »Hilfe«.

Gut

In der Rubrik »Gut« sollen Sie abends eintragen, was am jeweiligen Tag bei Ihnen gut gewesen ist. Diese Aufgabe ist die wichtigste und für viele zugleich die schwierigste. Es ist nicht leicht, wenn man untrainiert ist, Gutes über sich selbst aufzuschreiben. Noch schlimmer ist es für viele, sich vor den Spiegel zu stellen und sich das Gute zu erzählen.

Wie gesagt ist es äußerst wichtig, sich selbst zu bekräftigen und zu bestätigen. Ich empfehle Ihnen, jeden Tag mindestens drei gute Sachen aufzuschreiben. Das soll etwas sein, das *auf Sie* zutrifft, das *für Sie* gut ist. So gilt »Saubermachen« wohl für die meisten von uns als gut, aber für manche kann »gut« bedeuten, eben genau das »Putzen« einmal zu überspringen. Bemühen Sie sich, ordentlich anzugeben! Und trainieren Sie, was gut war, mit »Etiketten« zu versehen. Zum Beispiel: »Heute war ich mutig – als ich sagte, was ich eigentlich fühlte.« Oder: »Heute war ich hilfsbereit, als ich Peter beim Erstellen des Budgets weiterhalf.« oder »… als ich Nadjas Kaffeetasse wegräumte.«

Wenn Sie Kinder haben, möchte ich Sie auffordern, dass Sie mindestens einmal in der Woche in Ihr Heft schreiben, dass Sie eine gute Mutter/ein guter Vater sind. Sie wissen doch, wie oft Sie sich mit dem Gedanken quälen, als Eltern nicht perfekt zu sein! Es ist so leicht, sich die ganze Zeit mit anderen Eltern zu vergleichen und wie die etwas machen. Vielleicht gehen die mit ihren Kindern ins Museum oder ins Kindertheater, erlauben den Kindern keine Computerspiele, schicken die Kinder auf die Montessori-Schule und kaufen einen zweiteiligen Thermo-Overall statt eines einteiligen Overalls aus strapazierfähigem Nylon. Was die anderen machen, ist sicher gut und richtig, und als gestresster Elternteil kann man leicht auf die Idee kommen, man selbst mache alles falsch. Um solchen destruktiven Gedanken entgegenzuarbeiten, schreiben wir täglich ins »Ich bin gut«-Heft. Denn eines ist doch ganz sicher: Sie werden keine besseren Eltern dadurch, dass Sie sich sorgen, Sie könnten nicht gut genug sein.

Ein anderer Vorschlag für »gut« kann sein: »Heute war ich gut, weil ich es nicht persönlich genommen habe, als die Frau an der Kasse im Supermarkt so unfreundlich war.«

Noch mehr Vorschläge für »gut«: »Habe heute Conny um Entschuldigung gebeten« oder »Habe Eva ein Kompliment gemacht«.

Manchmal ist das Leben wirklich nicht leicht und dann kann auch Folgendes sehr »gut« sein: »Habe mir heute nicht das Leben genommen« oder »Habe dem Chef keine aufs Maul gegeben, obwohl er so idiotisch war«.

»Ich habe heute nicht gekündigt, weil ich weiß, dass ich es am Montag bereuen würde«, das ist auch gut.

Andere Beispiele:

»Ich bin ein guter Zuhörer.«

»Ich bin eine gute Freundin.«

»Ich bin klug.«

»Ich bin nett.«

»Heute war ich ehrgeizig und kreativ.«

Jeden Tag lässt sich etwas finden, worin man gut gewesen ist, vergessen Sie das nicht! Und man darf dasselbe ruhig mehrmals schreiben.

Der Anlass, warum ich mit Drogen überhaupt anfing, war banal, ich wollte abnehmen. Als Neunzehnjährige zog ich auf die Kanarischen Inseln; die Tabletten, die man mir dort zum Abnehmen empfahl, enthielten Amphetamine. Eigentlich war ich gegen Drogen, aber mein Wunsch, dünn zu werden, war stärker als meine Abneigung gegen Drogen. Als ich zehn Jahre später von den Drogen weg und clean war, dauerte es anderthalb Monate, und ich nahm 25 Kilo zu.

Ich war in einem Behandlungszentrum und fühlte mich pappsatt, hässlich und abstoßend. In nichts war ich gut. Ich konnte nichts tun, um Bestätigung von außen zu bekommen, und da bin ich dann so richtig abgestürzt.

Damals ging mir auf, dass Selbstvertrauen und Selbstwertgefühl nicht dasselbe ist. Dass ich eine Menge Sachen konnte, wusste ich immerhin. Mit achtzehn hatte ich mein erstes Unternehmen, ich hatte in verschiedenen Ländern gelebt, und das, was ich mir vorgenommen hatte, war mir auch gelungen. Aber mein Eigenwert war gleich null. Ich spürte nur, wie sehr ich mich verachtete und dass es keine Rolle spielte, wie gut ich die verschiedensten Sachen hinbekam. Da sah ich ein: **Wenn ich überleben will, muss ich mich selbst mögen.** Ich bekam den Rat, mich vor den Spiegel zu stellen, mir selbst in die Augen zu sehen und zu mir selbst zu sagen: »Du bist wertvoll!«

Also ging ich ins Bad, stellte mich vor den Spiegel, versuchte, mir selbst in die Augen zu sehen, aber das schaffte ich nicht. Stattdessen sah ich nach unten in eine Ecke. Flüsternd brachte ich die Worte hervor: »Du bist wertvoll«, ohne dass es mir gelungen wäre, meinem eigenen Blick zu begegnen. Danach drehte ich mich um, hob den Toilettendeckel und übergab mich.

Heute kann ich schreiben und zu mir sagen, dass ich wertvoll bin, und ich weiß, dass es stimmt, es ist wahr und echt. Aber so weit bin ich nur durch Übung gekommen. Wenn ich heute vor dem Spiegel stehe, ganz ausgezogen, mit Hüftspeck und Rollen, liebe ich das, was ich sehe, ganz in echt. Das ist ein so unglaubliches Gefühl von Freiheit!

Wer sich an mich wendet, bekommt gleich von Anfang an die Aufgabe, in das »Ich bin gut«-Heft zu schreiben. Und man muss nicht dieselbe Lebensgeschichte haben wie ich, um zu merken, wie schwer das ist. Das zeigt das folgende Beispiel.

Einem Abteilungsleiter in einem großen Unternehmen wurde von einem Bekannten empfohlen, sich an mich zu wenden. Er hatte gehört, ich sei gut darin, Menschen persönlich zu coachen, und deshalb hatte er zu mir Kontakt aufgenommen. Er war auch willens, an dem Programm teilzunehmen. Dieser Mann ist sehr intelligent und auf seinem Gebiet sehr kompetent, das konnte ich schnell feststellen, als wir uns zum ersten Mal trafen. Wir unterhielten uns, und ich wurde etwas nervös, weil er so viele Fremdwörter benutzte. Einen Stoß Papiere hatte er auch dabei, sein »Persönlichkeitsprofil«, wie sich zeigte. Nachdem wir uns darüber verständigt hatten, wie unsere Arbeit gestaltet werden könnte, und er sich entschieden hatte, mitzumachen, gab ich ihm seine erste »Hausaufgabe«. Dabei ging es um Wünsche und Träume. Ich gab ihm ein Schreibheft, das sein »Ich bin gut«-Heft werden sollte, besprach genau Ziel und Zweck des täglichen Aufschreibens, und am Ende stellte ich ihm die Aufgabe, dass er vor unserem nächsten Treffen drei Sachen über sich aufschreiben sollte, in denen er gut war.

Da sah er mich verständnislos an und fragte dann: »Was meinen Sie damit?«

»Ich meine damit drei gute Sachen«, antwortete ich. »Wie zum Beispiel: Heute war ich effektiv oder Heute war ich ein guter Vorgesetzter oder Heute war ich hilfsbereit, mutig, großzügig. Etwas in der Art.«

Als ich die Beispiele nannte, verzog er das Gesicht, und mir war gleich klar, dass er so etwas noch nie getan hatte. Trotz aller Hochschulabschlüsse stellte sich für ihn die Aufgabe, drei gute Sachen über sich selbst aufzuschreiben, als fast unlösbar dar! Ausgesprochen skeptisch ließ er sich dann darauf ein, »seine Hausaufgabe zu machen«.

Als wir uns nach zwei Wochen wiedersahen, durfte ich in seinem Heft lesen. »Hab trainiert«, »Eingekauft und saubergemacht«, »Jens-Peter zum Lunch eingeladen«. Danach hatte er drei schlechte Sachen aufgeschrieben: »Meeting misslungen«, »Bericht für den Vorstand vergessen«, »War wütend auf Eva«.

Ich las, was er geschrieben hatte, sah ihn etwas bekümmert an und fragte: »Hatte ich gesagt, Sie sollten drei weniger gute Sachen aufschreiben?«

Schnell antwortete er: »Nein, das haben Sie nicht, aber ich dachte, das sei für das Gleichgewicht wichtig.«

Ich lachte und durfte ihm entgegnen: »Sie sollen nicht denken! Sie sollen nur tun, was ich sage!« Er hatte sich doch immerhin darauf eingelassen, meine Methode auszuprobieren, um sein Selbstwertgefühl zu verbessern.

Es ist schon sehr interessant, wie viel wir von diesem »nie den Kopf zu sehr aus der Masse herausheben« und ähnlich unnötigem Schrott mitschleppen. Was regelmäßig dafür sorgt, dass wir uns geradezu reflexartig abwerten und uns ja nicht selbst loben dürfen, ohne wenigstens im selben Atemzug auf unsere Fehler hinzuweisen. Ich möchte gern ergänzen, dass dieser Mann inzwischen die Aufgabe richtig gut bewältigt.

Eine Hausaufgabe, die ich ihm gab, lief darauf hinaus, dass er an sich selbst schreiben musste, er habe Stil. Diese Aufgabe löste er und das schrieb er dann über mehrere Monate täglich an sich selbst. Als Jugendlicher hatte er sich immer als hässlich und von vorgestern empfunden und jetzt wusste er zwar, dass er eigentlich wirklich Stil hatte, aber trotzdem fühlte es sich nicht so an, er empfand sich noch immer als dieser hässliche kleine Junge von damals. Diese einfache Anleitung umzusetzen, hat für sein Leben einen enormen Unterschied ausgemacht.

Bekräftigungen

Vor einigen Jahren traf ich eine Gruppe vierzehnjähriger Mädchen. Wir hatten kleinere Bewertungsübungen gemacht und darüber gesprochen, was man macht, damit man sich selbst mag. Eines der Mädchen sagte: »Wenn ich mich vor den Spiegel stelle und zu mir sage, dass ich wertvoll bin, dann lüge ich, denn das finde ich doch gar nicht!«

Ich antwortete: »Du wirst so lange lügen, bis es stimmt!« Genau darum geht es bei Bekräftigungen. Sich zu bekräftigen heißt, etwas für sich selbst so lange wiederholen, bis es stimmt.

Hier kommen jetzt einige Vorschläge für positive Bekräftigungen, unter denen Sie auswählen können, falls Ihnen selbst gerade keine eigenen einfallen.

Persönliche Entwicklung
Ich bin ehrgeizig, immer Neues zu lernen. Ich bin offen für Neues und ich trainiere fortwährend, ein besserer Mensch zu werden. Ich bin der Mensch, der ich sein will, und ich bin stolz auf die Fortschritte, die ich gemacht habe.

Konzentration
Ich konzentriere mich immer stark auf jedes einzelne Ziel. Ich richte meine ungeteilte Konzentration auf den gegenwärtigen Auftrag. Ich schließe alle Störungen aus, und ich konzentriere meine Aufmerksamkeit vollständig auf das Problem, mit dem ich derzeit kämpfe, und dabei vergesse ich alles um mich herum.

Effektivität
Ich organisiere heute, was ich morgen und in der Zukunft tun muss. Ich bin stolz auf eine gut ausgeführte Arbeit. Ich bin sehr effektiv. Ich nutze jede Sekunde bestmöglich und zum größtmöglichen Nutzen für mich selbst. Ich bin immer produktiv. Ich erreiche maximale Ergebnisse in minimaler Zeit.

Selbstvertrauen
Alles, was ich werden will, kann ich werden. Ich weiß, dass ich mit Planung und Eigenmotivation jedes Ziel verwirklichen kann. Ich habe Vertrauen in meine Fähigkeiten.

Entschlossenheit

Ich treffe Entscheidungen, die sich auf die Informationen gründen, die ich bekommen kann. Ich bin zielstrebig, und wenn ich mich entschieden habe, handele ich. Ich treffe meine Entscheidungen zuversichtlich, weil ich weiß, dass meine Entscheidungen richtig sind.

Kreativität

Probleme betrachte ich wie neue Türen, die sich öffnen lassen, wie Möglichkeiten, die sich ergeben. Ich bin ungewöhnlich gut darin, kreative Entscheidungen zu treffen und Problemen mit innovativen Lösungen zu begegnen.

Selbstwertgefühl

Ich bin ein wertvoller Mensch. Ich genüge, so wie ich bin. Ich bin stolz, ich zu sein, und ich mag mich selbst.

Entspannung

Ich kann jederzeit vollkommen entspannen. Wenn es gefordert ist, habe ich für besondere Projekte und Probleme zusätzliche Kraftreserven parat. Heute Abend kann ich abschalten, weil ich weiß, dass ich heute mein Bestes getan habe. Ich gehe heute Abend schlafen und stehe morgen früh ausgeruht und mit frischen Kräften auf, um morgen mein Bestes geben zu können.

Einer Frau gab ich den Auftrag, über diese Vorschläge hinaus eine ganz eigene Bekräftigung auszusuchen. Diese Frau war manchmal etwas umständlich. Deshalb dachte ich, als wir uns nach einigen Wochen wiedersahen – »hoffentlich hat sie sich nicht eine so lange und komplizierte Bekräftigung ausgesucht, die sie unmöglich auswendig lernen konnte«. Dann wird es nämlich etwas mühsam, sie mehrfach am Tage zu wiederholen. Aber sie hatte für sich ausgesucht: »Ich genüge, und ich kann!« Das ist doch geradezu genial! Ich genüge, und ich kann – genau darum geht es ja! Ich hatte mich mit meinen Befürchtungen getäuscht und entsprechend froh war ich.

Hier folgen noch mehr kurze Bekräftigungen:

- Ich vertraue mir.
- Ich gebe von mir und von meiner Zeit ab, deshalb bekomme ich Zeit und Liebe.
- Ich sehe bei Menschen das Positive.
- Ich urteile nicht.
- Ich muss mich nicht beunruhigen, alles wendet sich zum Besten.
- Alles kommt so, wie es kommen soll.
- Ich heiße Veränderungen willkommen.
- Ich fühle mich gut und wachse an der Verantwortung.
- Ich lache jeden Tag.
- Ich schlafe nachts gut.
- Niemand kann besser ich sein als ich selbst.
- Ich bin das Wichtigste in meinem Leben.
- Ich entscheide mich, Zuversicht zu empfinden.
- Ich werde geliebt.
- Ich bin mutig, klug und ganz wunderbar!

Bekräftigen Sie sich selbst am besten drei Mal am Tage. Wiederholen Sie Ihre Bekräftigung, bis Sie selbst daran glauben. Wenn Sie so weit sind, dass Sie glauben, die Bekräftigung stimmt, dann ist es an der Zeit, diese gegen eine neue auszutauschen.

Gestalten Sie sich eigene Routinen, wie Sie sich bestätigen. Zum Beispiel morgens, mittags oder abends. Manche schreiben ihre Bestätigungen in ein Heft, andere sprechen sie auf Band, wieder andere wiederholen sie im Kopf still für sich allein. Es spielt keine Rolle, wie Sie es machen, die Hauptsache ist, dass Sie es tun.

Danke

Die zweiten Rubrik in dem »Ich bin gut«-Heft ist mit »Danke« überschrieben.

Dankbarkeit handelt davon, dasjenige schätzen zu können,

was ich tatsächlich habe – statt nach dem zu schielen, was die anderen haben. Viel zu oft stellen wir nur das in den Mittelpunkt, was uns fehlt, was wir noch nicht erreicht haben. Deshalb müssen wir uns auf etwas anderes konzentrieren: die Dankbarkeit. Dankbarkeit ist die mit Abstand beste Medizin gegen Selbstmitleid. Durch Dankbarkeit werden wir stark, auf Dankbarkeit können wir bauen.

Man kann gar nicht genug betonen, welch großes Gewicht ein tiefes Gefühl von Dankbarkeit für uns hat. Damit meine ich nicht, dass wir unser Streben nach Weiterentwicklung, Freude, Liebe und anderem einstellen sollten. Aber wenn wir das, was wir haben, nicht schätzen und dankbar dafür sind, werden wir nie zufrieden sein mit dem, was wir bekommen. Das ist in großem Umfang eine Frage der Einstellung. Dankbarkeit empfinden ist eine Entscheidung, die wir treffen. Für viele bedeutet es sehr viel Arbeit, um die Dankbarkeit am Leben zu erhalten. Wenn ich jeden Abend, ehe ich mich schlafen lege, Sachen aufschreibe, für die ich dankbar bin, wache ich morgens mit guter Laune auf. Sich dafür zu entscheiden, dankbar zu sein, ist ganz einfach geschickt. Bei vielen von uns stellt sich das Gefühl von Dankbarkeit nicht von selbst ein; so als wäre es nicht wirklich natürlich, durch die Welt zu laufen und dankbar zu sein. Dann müssen wir eben trainieren. Denn um Dankbarkeit zu empfinden, ohne sie trainiert zu haben, muss leider meistens etwas sehr Tragisches in nächster Nähe von uns geschehen. Die Tsunami-Katastrophe in Südostasien war so etwas Furchtbares, und alle, die noch mal davongekommen sind, bekamen die Möglichkeit, große Dankbarkeit zu empfinden. Aber allmählich hat uns der Alltag wieder, und die meisten vergessen die Dankbarkeit, die in ihnen aufwallte. Bald steckt man wieder in seinen eigenen Luxusproblemen, und an so einem Punkt kann es wichtig sein, eine gewisse Routine darin zu haben, wie man die Dankbarkeit wiederfindet.

Manchmal bekomme ich zu hören: »Aber Mia, es ist echt schade um mich.« Ja, das glaube ich auch. Man kann sich auch wirklich manchmal leidtun und sich undankbar und ungerecht behandelt fühlen. Aber es ist gut zu wissen, was man tun soll, wenn man sich nun wider Erwarten nicht länger leidtun will. Es kann schon eine ganze Weile dauern, ehe man selbst merkt, dass es Selbstmitleid ist, mit dem man sich beschäftigt. Wie Sie wissen, ist der Unterschied zwischen Trauer und Selbstmitleid natürlich riesig. Es ist wichtig, dass man um traurige Sachen und Ereignisse, Verluste und Derartiges trauern darf. Allerdings kann es manchmal schwer sein, bis zur Trauer vorzudringen, vielleicht fürchten wir, es könnte zu sehr wehtun, und dann kann bisweilen Selbstmitleid auch schon mal der Weg zur Trauer sein. So habe ich es einige Male in dem Trauerprozess erlebt, nachdem sich mein Freund das Leben genommen hatte.

Wie schon gesagt ist Dankbarkeit etwas, was sich nicht unbedingt von allein einstellt. Wir müssen stattdessen trainieren, uns zufrieden und dankbar für das zu fühlen, was wir haben. Dankbarkeitslisten aufzustellen ist eine Möglichkeit, um die Dankbarkeit zu finden. Dankbarkeitslisten schreiben wir, um uns an alles zu erinnern, was wir haben und wofür wir dankbar sein können. Das wiederum trägt seinen Teil dazu bei, dass wir auch das, was wir bekommen, mehr schätzen. Wenn Sie merken, dass Sie in Selbstmitleid oder in Ihrer »Opferrolle« feststecken, müssen Sie sich nach einer Weile davon befreien. Ich bin die Letzte, die leugnet, dass jammern und sich leidtun manchmal guttut. Ja, ich kann, wenigstens für eine Weile, den Luxus geradezu genießen, meine »Opferjacke« überzuziehen. Aber höchstens eine Stunde lang, dann beginnt es langweilig zu werden und trist. Wenn ich mal richtig feststecke, zwinge ich mich, extralange Dankbarkeitslisten zu schreiben. Am Anfang kommt mir das total unecht vor, aber nach zwei Seiten bin ich aus meinem Selbstmitleids-Tal heraus und die Dankbarkeit kehrt zurück. Hier sind Vorschläge für das, was man auf so einer Liste notieren kann:

- Danke, dass ich nicht vor Angst ohnmächtig wurde, als ich den Vortrag halten sollte.
- Danke, dass sich mein Leben so einfach darstellt.
- Danke, dass ich bei dem Meeting heute Geduld trainieren durfte.
- Danke für die interessanten Menschen, die ich bei meiner Arbeit kennenlernen darf.
- Danke, dass ich ich bin. (Überlegen Sie nur mal, es gibt doch ziemlich viele, bei denen wir froh sein können, dass wir die nicht sein müssen.)
- Danke für meine Familie.
- Danke, dass ich mich die ganze Zeit weiterentwickle.
- Danke, dass ich einen Ort zum Wohnen habe.
- Danke für meine Arbeit.
- Danke, dass ich gesund bin.
- Danke, dass ich denen Liebe schenken darf, die ich liebe.

Manchmal, wenn das Leben einen ganz besonders beutelt, kann man schreiben: »Danke, dass dieser verfluchte Tag endlich um ist.« Weiter:

- Danke, dass ich verzeihen gelernt habe.
- Danke, dass man mir verziehen hat.
- Danke für alle Begegnungen, an denen ich teilhaben darf.
- Danke, dass ich in Liebe und Geborgenheit lebe.
- Danke für meine Irrtümer, denn aus denen lerne ich und entwickle ich mich weiter.
- Danke, dass mich meine Freunde immer noch mögen, obwohl ich manchmal blöde Entscheidungen treffe (und mich vielleicht sogar in den falschen Mann verliebe).
- Danke, dass meine Freunde nie sagen würden: Hab ich das nicht gesagt!
- Danke, dass ich darüber entscheiden kann, wie es mir geht.
- Danke, dass ich in einer Demokratie leben darf.
- Danke, dass ich so oft lachen darf.
- Danke, dass ich lebe.

Wenn wir trainieren, dankbar zu sein, geben wir automatisch diese Selbstbezogenheit auf. Außerdem gelingt es uns, bei allen unseren Begegnungen richtig präsent sein. Kurz und gut – **wir werden glücklicher, wenn wir uns für Dankbarkeit entscheiden.** Ich notiere täglich Sachen, für die ich dankbar bin, und dann passiert es mir tatsächlich häufig, dass ich morgens aufwache und denke, ich wohne in einer riesigen Wohnung. (In Wahrheit wohne ich auf 25 qm und schlafe in einem Etagenbett, so dass ich immer im ersten Stock aufwache.) Wenn ich irgendwann genug Geld habe, um mir eine größere Wohnung zu kaufen, werde ich mich fühlen, als wohnte ich in einer Luxuswohnung. Wenn ich dankbar bin für das, was ich bislang habe, werde ich das, was ich bekommen werde, wirklich zu schätzen wissen. Selbstverständlich kommt es vor, dass ich aufwache und finde, dass man mit 38 Jahren mindestens auf 38 qm wohnen sollte – solche Tage sind weniger heiter. Aber wie gesagt, es ist clever, sich für die Dankbarkeit zu entscheiden.

Wenn man weiter überlegt, wird vielleicht manch einer die Frage stellen: Ach, wir sollen also wie so ein paar Idioten rumlaufen und dankbar sein, obwohl die Welt so ist, wie sie ist? Soll man Menschen, die unterdrückt werden, die hungern oder Krieg erleiden, soll man denen sagen, dass sie dankbar sein sollen?

Das meine ich überhaupt nicht, wenn ich sage, man solle seine Dankbarkeit trainieren. Dankbar sein bedeutet absolut nicht, dass man Elend und Ungerechtigkeit dulden oder davor die Augen verschließen soll. Aber wenn man das, was man hat, pfleglich behandelt, kann man mehr erreichen und außerdem gegen gesellschaftliche Ungerechtigkeiten im eigenen Dasein wie in dem anderer ankämpfen. Wenn wir das, was uns zu Gebote steht, verwalten, wenn wir es hegen und pflegen, steigern wir unsere Ressourcen, um die großen Fragen anzugehen, sowohl die individuellen wie die auf der globalen Ebene. Wenn ich wählen dürfte, von wem ich mir am liebsten helfen ließe, von einem dankbaren oder einem undankbaren Menschen, dann entschiede ich mich für den dankbaren, und zwar aus dem einfachen Grund, weil ein dankbarer Mensch mehr zu geben hat.

Hilfe

Jetzt sind wir bei der dritten Rubrik in dem Heft angelangt. Die habe ich schlicht »Hilfe« getauft. Wenn es Ihnen besser gefällt, diese Rubrik »Ich brauche« zu nennen, tun Sie das ruhig. Den Tag damit zu beschließen, dass man um Hilfe für den nächsten Tag bittet, ist ein richtig guter Trick. Ich treffe viele Menschen, die Probleme mit dem Schlafen haben, da sie nicht aufhören können, sich um den nächsten Tag zu sorgen. Aber wenn wir vor dem Einschlafen das aufschreiben, wofür wir um Hilfe bitten wollen, wird unser Schlaf geruhsamer.

Als Erstes müssen wir einsehen, dass wir nicht immer unser Leben ganz allein und eigenhändig aufbauen müssen. Sich trauen, um Hilfe zu bitten, zeigt manchmal Stärke. Ob man sich nun für die Arbeit an seiner persönlichen Entwicklung, für mentales Training entscheidet oder für einen geistigen Weg, so geht es in jedem Fall doch darum, mit jemandem zu sprechen oder jemanden für etwas um Hilfe zu bitten.

Beten ist sprechen, meditieren ist zuhören. Ich selbst habe mich entschieden, zu glauben, dass es eine geistige Kraft gibt, an die ich meine »Hilfe« schreibe. Aber das braucht man nicht unbedingt. Viele entscheiden sich, ihre Bitte um Hilfe an sich selbst zu richten, an ihr Unbewusstes. Wenn Sie ein paar Monate lang jeden Tag aufschreiben, wobei Sie Hilfe brauchen, werden Sie erleben, dass das tatsächlich funktioniert. Für mich ist nicht wichtig, *wie* es funktioniert, sondern *dass* es funktioniert. Ich glaube, eine Gefahr für unser Wohlbefinden liegt darin, dass wir »zu viel in unserem Kopf sind und dort mit Hilfe unseres Verstandes herumwühlen«. Man muss sozusagen nicht etwas reparieren, was nicht kaputt ist. Funktioniert es, dann funktioniert es. Ich erhebe folglich nicht den Anspruch, die Wahrheit oder den richtigen Weg gefunden zu haben – hingegen habe ich ein Trainingsprogramm ausgearbeitet, das wirkt, mit dem man sich ein bisschen rüsten kann, um mit den Hochs und Tiefs des Lebens umzugehen. Für mich und viele andere hat diese einfache Methode in den Fällen, wo bisher ein geringes Selbstwertgefühl unseren Träumen und Ambitionen ein Bein gestellt hat, Beacht-liches geleistet. Aber noch einmal: Ich habe nicht die Wahrheit gepachtet, ich habe ein Modell gefunden, das guttut. Die Wahrheit über den Sinn des Lebens muss jeder für sich erforschen. Aber es steht zu hoffen, dass meine Methode dem einem oder anderen auf die Sprünge helfen kann.

Wenn man jeden Tag aufschreibt, was gut war, wofür man dankbar ist und wobei man Hilfe haben möchte, hat man für den Tag einen Abschluss gefunden, und ein besserer Anfang für den nächsten Tag ist kaum vorstellbar.

Ich schreibe jetzt schon so lange auf, dass es fast zu einem meditativen Ritual geworden ist. Unter »Hilfe« etwas zu notieren, ehe ich mich schlafen lege, bringt mir seit vielen Jahren in jenen Situationen besonders großen Nutzen, in denen ich unruhig bin oder vor etwas Angst habe, von dem ich will oder nicht will, dass es geschehen soll. Wenn ich sterbe und es sich dann zeigt, dass ich mich geirrt habe, weil es keine geistige Kraft gibt, die man ansprechen kann, falls es einfach nur mentales Training gewesen ist, womit ich mich in diesen Jahren beschäftigt habe, dann macht mir das gar nichts. Funktionieren tut es jedenfalls ausgezeichnet.

Vieles ist in meinem Leben nicht so geworden, wie ich es mir vorgestellt hatte. Anfangs fiel es mir enorm schwer, das zu akzeptieren. Aber dank der täglichen Bitte um Begleitung, wie ich mit verschiedenen Situationen umgehen soll, ist mir klar geworden, dass ich einfach loslassen und weitergehen soll, jedes Mal, wenn ich mich an etwas festbeiße, das ich eigentlich nicht kontrollieren kann.

Wenn Sie gar nicht recht wissen, wofür Sie in Ihrem Heft um Hilfe bitten könnten, folgen nun einige Beispiele, die es Ihnen hoffentlich erleichtern, eigene Beispiele für Hilfewünsche zu finden. Selbstverständlich dürfen Sie für alles, was Sie wollen, um Hilfe bitten – es ist schließlich Ihr Heft, und Sie tun, was Sie richtig finden, es gibt nichts Falsches.

Oft haben wir den Kopf voller Gedanken, die wir immer wieder drehen und wenden und die uns beunruhigen. Sie betreffen

Dinge, die passieren werden und die wir tun müssen. An dieser Stelle bitten wir für diese um Hilfe (egal, an wen Sie schreiben – Sie können sich auch einfach vorstellen, dass Sie an den klügeren Teil von sich schreiben).

- Hilf mir zu entscheiden, wen ich morgen einstellen soll.
- Hilf mir, dass ich mich traue, Nadja einzuladen.
- Hilf mir, dass ich mit dem Training loslege.
- Hilf mir zu spüren, dass ich genüge.
- Hilf mir, im Hier und Jetzt präsent zu sein.
- Hilf mir, Klaus um Entschuldigung zu bitten.
- Hilf mir zu akzeptieren, dass ich den Job, um den ich mich beworben habe, nicht bekommen habe.
- Hilf mir, dass ich auf Uli einen guten Eindruck mache.
- Hilf mir, dass ich mich wunderbar finde.
- Hilf mir, dass ich die Kraft habe, morgen zur Arbeit zu gehen.
- Hilf mir zu dem Vertrauen, dass ich alles schaffen werde, was ich mir für morgen vorgenommen habe.
- Hilf mir, dass ich mich weiterhin entwickle.
- Hilf mir, mich nicht über Paul zu ärgern.
- Hilf mir, mein wahres Ich zu finden.
- Hilf mir, ein großzügiger und fürsorglicher Mensch zu sein.
- Hilf mir, dass ich mich von Evas Worten nicht gekränkt fühle.
- Hilf mir, dass ich morgen daran denke, viel zu lachen.

Manchmal steht HILF mit Großbuchstaben in meinem Heft; dann brauche ich ganz besonders viel Hilfe, um mich etwas zu trauen, wovor ich Angst habe.

Jeder hat starke und schwache Seiten, und das, was der eine Kinderkram nennt, kann bei einem anderen das große Zittern hervorrufen. Mir zum Beispiel fällt es sehr leicht, vor Publikum zu sprechen, aber ich weiß von anderen, für die es ein Albtraum ist, sich vor eine Versammlung zu stellen und das Wort zu ergreifen. Der Sinn ist nicht, dass man alles tun soll, wovor man Angst hat oder wobei man sich unsicher fühlt. Aber es gibt bei uns gewisse Schwachstellen, die wir sicherlich weiterentwickeln sollten. Es kann doch zum Beispiel gut sein, sich darin zu üben, vor einer Gruppe zu sprechen, wenn das die eigene Karriere fördert. Es können auch verborgene Talente in Menschen schlummern, die aus Ängstlichkeit und Hemmungen zurückgehalten werden. In das »Ich bin gut«-Heft zu schreiben, kann einem Mut machen, die Herausforderungen anzugehen, die einen eigentlich locken, für die man aber einen kleinen Anstoß braucht, um sich zu trauen. Bittet man auf diese Weise um Hilfe, dann stellt sich die Hilfe auch ein – es funktioniert!

Weniger gut

Nun kommen wir zu dem, wozu unser geringes Selbstwertgefühl uns so schnell verführt, nämlich alles das zu nennen, was wir nicht so gut hinbekommen. Aber dieses Mal ist es anders. Die Rubrik »Weniger gut« ist die letzte, die man in sein »Ich bin gut«-Heft einfügt. Am besten drei bis vier Monate nachdem man angefangen hat, täglich aufzuschreiben.

Dass man erst gelernt hat, wie das Prinzip funktioniert, ist enorm wichtig. Würden wir gleich zu Anfang, noch ganz untrainiert, diese Rubrik dazunehmen, würden wir nur auf uns herumhacken. Nachdem wir aber eine positive persönliche Entwicklung anstreben und nicht ein Gefühl von Unzulänglichkeit stärken wollen, müssen wir uns daran erinnern, dass wir unsere Schwachstellen nur anschauen, um uns weiterzuentwickeln.

Stellen Sie sich vor, Sie fangen mit Sport an. Sie sind völlig untrainiert und haben sich als Sportart Krafttraining ausgesucht. Ihnen fehlt es an Technik, und die Muskeln an Armen und Beinen sind schwach. Selbstverständlich entscheiden Sie sich, die erste Trainingsrunde mit sehr leichten Gewichten durchzuführen, schließlich fangen wir nicht mit den schwersten Hanteln an. Sukzessive erhöhen wir dann die Gewichte. Wenn wir zu hart loslegen, würde uns das Training höchstwahrscheinlich zu schwer werden und vermutlich würden wir schnell ermüden.

Wenn wir unser Schreibheft und das Training vergleichen, heißt das, dass wir uns zuerst auf die Rubriken »Gut«, »Danke«, »Hilfe« konzentrieren.

Sobald wir spüren, dass wir Routine bekommen haben, und merken, welche Ergebnisse für unser Wohlbefinden, unsere Entwicklung und unser Selbstwertgefühl sich tatsächlich einstellen, dann ist es so weit, dass wir abends auch auf das schauen können, was tagsüber nicht so gut gelaufen ist.

Die vierte und letzte Rubrik im Programm des »Ich bin gut«-Heftes ist also »Weniger gut«. Aber um den Tag nicht mit etwas Negativem zu beenden, schieben wir diese Rubrik nach vorn.

Die Rubriken in unserem Heft lauten also am Schluss: »Weniger gut«, »Gut«, »Danke« und »Hilfe«.

Wenn ich mich vor dem Schlafengehen daranmache, in mein Heft einzutragen, sitze ich eine Weile ganz still und denke nach. Ich versuche, mich an den vergangenen Tag zu erinnern, und frage mich, was weniger gut war oder ob es etwas gibt, das ich hätte anders machen können oder sollen. Oder vielleicht sogar müssen? Gibt es vielleicht jemanden, den ich um Entschuldigung bitten müsste? Oder gibt es etwas, das ich nicht getan habe, obwohl ich es hätte tun müssen? An dieser Stelle möchte ich einschieben, dass es unter »Weniger gut« nicht immer etwas einzutragen gibt, und wenn da nichts ist, dann sollten wir auch nicht krampfhaft irgendein bedauerliches Detail aufspüren. Freuen Sie sich stattdessen, dass es diese Tage immer mal gibt! *Hingegen gibt es keinen Tag, an dem wir unter der Rubrik »Gut« nichts einzutragen hätten.* Wie schon gesagt: Schlimmstenfalls schreiben Sie unter »Gut«, dass Sie aufgestanden sind oder dass Sie sich nicht umgebracht haben, wenn es einer dieser Tage ist. Irgendetwas Gutes findet sich immer! Und das müssen wir jeden Tag notieren. Das, was weniger gut war, notieren wir nur dann, wenn uns zum vergangenen Tag etwas weniger Gutes einfällt. An manchen Abenden, wenn der Tag ruhig und schön war, kommt es vor, dass ich nur unter den Rubriken »Gut« und »Danke« etwas aufschreibe.

Vermeiden Sie, Sachen zu notieren wie: »Heute habe ich beim Vortrag schlecht zugehört.« Schreiben Sie stattdessen: »Selbstbezogen – habe nicht dem Vortrag zugehört, sondern meist an anderes gedacht.« Manchmal weiß man nicht genau, was unter die Rubrik »Weniger gut« passen würde. Deshalb, um diesen Abschnitt etwas einfacher zu gestalten, stelle ich mir dann immer selbst Fragen. Unten folgen Beispiele für solche Fragen:

- Gibt es etwas, was ich hätte tun müssen, aber aufgeschoben habe?
- Müsste ich mich bei jemandem entschuldigen?
- Gibt es etwas, wovon ich im Nachhinein denke, dass ich es hätte anders machen können?
- Habe ich heute versäumt, jemanden anzurufen?
- Habe ich an etwas teilgenommen, wozu ich keine Lust hatte?
- Bin ich unnötig heftig geworden?
- Bin ich heute egoistisch gewesen?
- Bin ich zu jemandem unehrlich gewesen, vielleicht zu mir selbst?
- Bin ich heute neidisch gewesen oder vielleicht sogar missgünstig?
- Bin ich heute jemandem gegenüber intolerant gewesen?

Manchmal, wenn ich zu viel gearbeitet habe und nicht richtig zur Ruhe gekommen bin, um wieder Kraft zu schöpfen, passiert es, dass ich intolerant werde. Dann kann ich mich selbst dabei ertappen, wie ich von anderen denke: Wo ist das Problem, so schwer ist das doch nicht! Dann vergesse ich, dass etwas für jemanden, der nicht dieselben Voraussetzungen hat wie ich, enorm schwer sein kann. Wenn ich gestresst bin, werde ich selbstsüchtig und finde, da mir eine bestimmte Sache leichtfällt, müsste es allen anderen genauso gehen. Dann ignoriere ich die Tatsache, dass wir alle verschieden sind und dass uns unterschiedliche Sachen unterschiedlich schwer- oder leichtfallen. Dagegen habe ich immer Verständnis dafür, dass etwas, das mir schwerfällt, auch anderen schwerfallen kann. Ich pflege mich selbst zu prüfen, indem ich ehrlich auf Fragen wie die folgenden antworte:

- Bin ich heute selbstsüchtig gewesen oder sehr selbstbezogen, oder war ich womöglich sogar selbstmitleidig?
- War heute mein geringes Selbstwertgefühl zu Besuch?
- Habe ich auf einen anderen herabgesehen oder habe ich einen anderen verurteilt, oder bin ich womöglich richtig hochmütig gewesen?
- Bin ich heute gedankenlos gewesen? (Habe ich etwas getan, ohne zuerst nachzudenken, was womöglich für jemand anderen negative Konsequenzen haben wird?)
- Bin ich heute zu jemandem rücksichtslos gewesen?
- Habe ich mich heute gierig gefühlt oder war ich es?
- Habe ich mich heute gekränkt gefühlt?
- Bin ich heute geizig gewesen?

Wenn man will, beginnt man mit einem Schlüsselwort für das weniger Gute, das passiert ist, und danach notiert man eine kleine Erklärung. Zum Beispiel:

Unehrlich – habe Annika nicht gesagt, dass ich nicht nach Stockholm mitfahren will.

Gedankenlos – vergaß, die Umzugsfirma anzurufen und das Umzugsdatum zu ändern.

Neidisch – finde es ungerecht, dass Marion so eine große Lohnerhöhung bekommt; ich finde nicht, dass sie das verdient (wenn Sie das schon lange denken, ist es gut, es mal aufzuschreiben).

Intolerant – ärgerte mich, dass David so lange brauchte, um das Programm im Computer zu installieren – ist das denn so schwer?!

Selbstbezogen – hörte heute früh bei der Konferenz fast kein Wort, sondern dachte beinahe die ganze Zeit an Silvester und was ich machen soll.

Geringes Selbstwertgefühl – fühlte mich total wertlos, nachdem mein Vortrag heute nicht so war wie sonst. Wenn die mich nun nicht mehr mögen!

Rücksichtslos – sagte zu Claus, sein Pulli sei unheimlich hässlich und dass ich seinen Rechenschaftsbericht heute bei der Konferenz schlecht fand. Das sagte ich ihm alles, ohne dass er danach gefragt hatte, irgendwie hatte ich das Gefühl, ich müsste mal die Wahrheit sagen …

Wir müssen sehr vorsichtig sein, jemandem ungebeten unseren Rat oder unser Feedback zu geben. Es ist dabei äußerst wichtig, dass wir uns ehrlich nach dem Motiv fragen. Einfach nur lospoltern, etwas sei schlecht gewesen, hilft niemandem, davon wird nichts besser.

Bestimmt fallen Ihnen eigene Beispiele von Fällen ein, in denen Sie manchmal doch etwas sagen oder tun, was Sie vielleicht eigentlich nicht hätten tun oder sagen sollen.

Früher glaubte ich, Impulsivität sei eine gute Eigenschaft. Mit den Jahren habe ich gelernt, dass es gut ist, nachdenklich zu sein. Spontanität ist oft positiv, aber bedächtig zu sein ist wichtig, denn was wir sagen oder tun, kann Konsequenzen für mehr Menschen haben als nur uns.

Denken Sie daran, dass wir eben manchmal Fehler machen oder verrückte Sachen anstellen. Aber wichtig ist nicht Perfektion. Die Hauptsache ist vielmehr, dass wir uns Mühe geben und alles tun, um das Geschehene zurechtzurücken, falls wir andere durch etwas verletzt oder traurig oder wütend gemacht haben.

Wenn wir uns irgendwann einmal richtig erbärmlich und wenig wert fühlen, dann ist das Beste, die Rubrik »weniger gut« so lange zu überspringen, bis wir merken, dass wir uns wieder wohlfühlen.

10 Träume und Wünsche

Wir müssen uns gestatten, Träume zu haben. Sie sind eine Voraussetzung für persönliche Entwicklung und sogar dafür, dass wir uns überhaupt entwickeln können und unsere Ziele erreichen. Ich würde sogar so weit gehen zu sagen, dass es ein absolutes Muss ist, Träume zu haben. Das mag wie eine Selbstverständlichkeit klingen, aber wenn wir etwas erreichen wollen, müssen wir es uns erst einmal gewünscht haben!

Dabei reicht es nicht aus, unsere Träume zu denken. Wir müssen unsere Träume und Wünsche auch formulieren und aufschreiben. Sie in irgendeiner besonderen Reihenfolge zu notieren, ist nicht nötig. Schreiben Sie alles auf, was Sie sich in Ihrem ganzen Leben jemals gewünscht haben. Nehmen Sie alles mit dazu – was Sie einmal machen wollten, was Sie einmal werden wollten, alles, was Sie je besitzen wollten, und jeden Ort, zu dem Sie einmal reisen wollten. Nehmen Sie dazu alle Ausbildungen, die Sie gern machen wollen, die Menschen, die Sie kennenlernen wollen, und die Eigenschaften, die Sie entwickeln wollen. Gestatten Sie sich, jeden einzelnen Wunsch, alle ihre Sehnsüchte aufzuschreiben. Es spielt keine Rolle, wie unrealistisch sie gegenwärtig wirken mögen. Entmutigen Sie sich nicht selbst, indem Sie Ihre Träume und Wünsche von vornherein als hirnrissig abtun. Zum Beispiel so:

Bin ich das wirklich wert? Verdiene ich, … zu bekommen?
Ich habe kein Geld.
Schaffe ich das wirklich?
Ist es denn gerecht, dass ich das haben will?
Es hat doch keinen Sinn, ich bin zu alt.
Ich werde nur enttäuscht werden.

Traumliste

_____

_____

_____

_____

_____

_____

_____

_____

_____

_____

_____

_____

_____

_____

_____

_____

_____

Ich empfehle Ihnen, mindestens alle sechs Monate Ihre Traumliste durchzusehen, schon erreichte Träume abzuhaken und aufzuschreiben, welche Sie neu dabeihaben wollen. Wenn Sie Chef oder Vorgesetzter einer Gruppe von Menschen in irgendwelchen Zusammenhängen sind und Sie mit Ihren Angestellten oder denen, die Sie führen, regelmäßige Entwicklungsgespräche führen, möchte ich Ihnen ans Herz legen, den Menschen die Aufgabe zu stellen, ihre Träume aufzuschreiben. Das wird sehr geschätzt, und Sie als Vorgesetzter erhalten eine gute Möglichkeit, Ihre Angestellten besser kennenzulernen und sie zu coachen. Vielleicht möchte einer Ihrer Angestellten, der heute in der Finanzabteilung tätig ist, in fünf Jahren aufs Land ziehen, um eine Straußenfarm zu betreiben. Wenn Sie seine Träume kennen, können Sie ihn unterstützen, zum Beispiel indem Sie ihn an einem Kurs teilnehmen lassen oder ihm vielleicht ein Buch über Strauße kaufen. Alle Ermutigung, die Sie ihm zuteil werden lassen, damit er seine Zukunftsträume verwirklichen kann, werden sich ganz sicher positiv niederschlagen, indem er seine Arbeit engagiert tun wird. Überlegen Sie selbst – hatten Sie einmal einen richtig guten Chef oder Vorgesetzten? Ganz sicher hat er Ihnen das Gefühl vermittelt, dass er sich für Sie als Mensch wirklich interessierte. Wir bekommen bessere Mitarbeiter, wenn sie sich als Individuen ernst genommen fühlen. Und auch die Entwicklungsgespräche werden damit sehr viel angenehmer, das verspreche ich Ihnen.

Es ist wichtig, dass wir Träume und Wünsche haben, aber es ist nicht genauso wichtig, dass sie sich alle erfüllen.

Ich bin ein richtiger Tagträumer. Manchmal tue ich so, als sei ich Sängerin, manchmal stelle ich mir vor, wie es wohl wäre, in einem anderen Land zu arbeiten, ich bringe es fertig und rede zu Hause einen ganzen Vormittag englisch mit mir. Ich glaube nämlich, dass es für die Seele wichtig ist, wenn wir uns ein bisschen öfter zugestehen, einfach zu spielen. Das Leben ist doch sowieso schon viel zu ernst!

Ungefähr alle fünf Monate sehe ich meine Traumliste durch. Das macht Spaß, und es stärkt das Selbstwertgefühl, wenn ich merke, dass ich den einen oder anderen meiner Träume wegstreichen kann, weil ich ihn mir schon erfüllt habe. Fürchten Sie sich nicht, mit anderen über Ihre Träume zu sprechen. Vor einigen Jahren glaubte ich, ich sei Legasthenikerin. Da, wo ich damals arbeitete, waren alle außer mir Akademiker, und alle konnten sich fantastisch schriftlich ausdrücken. Bei unseren Personalzusammenkünften, die wöchentlich stattfanden, musste immer einer Protokoll führen, und das machten wir reihum. Diese kleine Routine bescherte mir jedes Mal Bauchweh, wenn die Entscheidung anstand, wer mit dem Protokoll an der Reihe sein sollte. Sobald mich jemand erwartungsvoll ansah, bemühte ich mich, ein bitterböses Gesicht aufzusetzen. Das ganze wütende Mienenspielregister packte ich aus, so viel Angst hatte ich vor der Frage, ob ich das Protokoll übernehmen würde. Vorsichtshalber zog ich ein Gesicht, als hätte ich vor, zuzuschlagen. Das Ganze ging schließlich so weit, dass ich nicht einmal mehr zu e-mailen wagte. Ich war jedes Mal, wenn ich etwas schreiben musste, so gestresst und so nervös, dass ich wie paralysiert dasaß und mir kaum noch einfiel, wo man einen Punkt setzen muss. Am Ende wurde mir klar, dass ich in der Angelegenheit etwas unternehmen musste, und fing an, meinen Arbeitskollegen davon zu erzählen. Dann verlangte ich von ihnen einen heiligen Eid, mich nicht auszulachen, wenn ich in meinen E-Mails an sie etwas falsch schrieb. Ich bat sie um kleine Schreibaufgaben, damit ich trainieren konnte, und das war wirklich hilfreich. Eines Tages kam ich auf die Idee, dass ich ein Buch schreiben wollte. Das war zwar ein Traum, aber er blieb mir mehrere Jahre erhalten. Nach und nach wurde daraus ein Ziel. Heute ist der Traum Wirklichkeit geworden.

Träumen ist also wichtig. Jetzt träume ich davon, in drei Jahren irgendwo in Spanien ein Kurszentrum zu betreiben. Das steht nämlich auf meiner Traumliste. Dort steht auch, dass ich etwas für Kinder tun will, denen es schlecht geht, ich weiß noch nicht richtig, wie, aber ich bin sicher, dass auch aus dem Traum etwas Gutes und Sinnvolles wird. Falls nun jemand in drei Jahren mich rücksichtsvoll darauf hinweisen sollte, dass ich diese

Träume ja gar nicht erfüllt habe, dann ist mir das egal. Denn ganz bestimmt ist mindestens einer von all den anderen Träumen gelungen, die auf meiner Liste stehen.

Ich appelliere deshalb an Sie, viel zu träumen, von großen und kleinen Dingen, von realistischen und unrealistischen. Hauptsache, Sie hören nie mit dem Träumen auf. Träumen ist wie Säen. Manche Samenkörner fallen vielleicht auf Fels, aber manche fallen auf fruchtbaren Boden. Und je mehr wir aussäen, desto mehr Samen werden auch aufgehen.

Alle, die zu mir kommen, müssen diese Übung mit der Traumliste machen. Einmal kam ein Mann wieder und hatte nur einen Traum auf der Liste. Das war ein Land, das er besuchen wollte. Da wurde ich sehr unruhig. Diesen Mann hatte sein Chef gezwungen, zu mir zu kommen. Das war keine gute Ausgangsbasis. Denn persönliche Entwicklung erfordert, dass man selbst eine solche Entwicklung will. Der Mann, der nur einen Traum hatte, war, wie sich zeigte, sehr unglücklich. Wir trafen uns noch zwei Mal und kamen gemeinsam auf gut zehn Träume, von denen der dringlichste war, den Arbeitsplatz zu wechseln, was ich ihm auch sehr empfahl. Er fühlte sich an seinem Arbeitsplatz so wenig wohl, dass ihm seine Träume abhandengekommen waren.

Wie gesagt: Träumen Sie! Wünschen Sie sich Sachen und spielen Sie viel! Gern zusammen mit Menschen, die Ihnen nahestehen, die Sie lieb haben.

11 Motivation

Eine Bedingung für Motivation: Sie müssen merken, dass das, was Sie tun, sinnvoll ist. Das gilt im Privatleben ebenso wie am Arbeitsplatz. Wenn Sie in dem, was Sie tun, einen Sinn sehen, werden Sie Ihre Arbeit auch motiviert tun. Um klarzustellen, was Motivation ist und was wir tun können, um sie zu erreichen, habe ich beschlossen, zwischen äußerer und innerer Motivation zu unterscheiden. Mit äußerer Motivation meine ich Belohnungen und Bestrafungen. Belohnungen locken uns und die Drohung, bestraft zu werden, erschreckt uns. Die innere Motivation tragen wir in uns. Dazu gehört, dass wir zufrieden sind mit dem, wer wir sind, und dass wir nie enttäuscht sind über unsere Leistungen.

Die äußere Motivation erhöht die ganze Zeit die Erwartung auf immer größere Belohnungen. Das führt zu einem Teufelskreis. Der Nachteil der äußeren Motivation ist zudem, dass sie schnell verschwindet, wenn sie nicht die ganze Zeit durch äußere Faktoren stimuliert wird – sie baut ja darauf, dass jemand anderes etwas tut, damit man sich motiviert fühlt. Motivation von außen kann kurzfristig gut funktionieren, aber auf Dauer klappt sie weniger gut, da die Motivation nie bestehen bleibt.

Um Ihre innere Motivation im Berufsleben zu stärken, müssen *Sie* einen Sinn in dem sehen, was Ihr Betrieb oder Ihre Organisation anbietet und wofür sie steht. Sie müssen einen Sinn in den Arbeitsaufträgen sehen, die Sie täglich ausführen. Gibt es in Ihrer Organisation etwas, wohinter Sie nicht stehen können? Dann ist es wichtig, etwas zu unternehmen. Es ist wichtig, dass Sie den Beruf, den Sie ausgesucht haben, wichtig und sinnvoll finden, und dass Sie hinter dem stehen, was Sie an Ihrem Arbeitsplatz ausführen.

Leider gib es keine schnellen Abkürzungen, um Ihre innere

Motivation zu stärken, so dass wir am nächsten Morgen super-motiviert aufwachen und uns auf die anstehenden Arbeiten stürzen. Wenn wir davon ausgehen, dass die Motivation ihren Platz in Ihrer Seele hat, dann ist der Weg zu ihr Ihre persönliche Weiterentwicklung. Das heißt nichts anderes, als dass Sie selbst die Verantwortung übernehmen müssen, wenn Sie Ihre Motivation »wecken« wollen. Sobald Sie unverdrossen Ihre innere Motivation trainieren, werden Sie bald erfolgreicher sein, als Sie sich je erträumt hätten. Mit Erfolg meine ich, dass Sie hervorragend darin sein werden, Ihre selbst gesetzten Ziele zu erreichen. **Sie können sich selbst dafür entscheiden, motiviert zu sein**, Sie sind nicht abhängig von dem, was andere Menschen sagen oder tun.

Um zu ermitteln, wie es um Sie und Ihre innere Motivation bestellt ist, können Sie versuchen, die Fragen zu beantworten, die ich unten stelle. Denken Sie daran: Es gibt bei den Antworten weder richtig noch falsch – es sind Ihre höchstpersönlichen Bewertungen, die Sie sich schließlich anschauen sollen.

Als ich diese Aufgabe einer jungen Frau gab, hatte sie als Antwort auf eine der Fragen geschrieben: »Ist das hier eine Fangfrage?« So kann sich das manchmal anfühlen, wenn man sich den Aufgaben widmet, die zur persönlichen Entwicklung führen sollen. Man ist irgendwie besorgt, den richtigen Punkt zu verpassen oder nicht engagiert genug zu sein. Oder man fühlt sich an die Hausaufgaben in der Schulzeit erinnert und meint deshalb, entsprechend müsse es auch ein Fazit geben. Es gibt für die Übungen und Aufgaben in diesem Buch aber keinerlei Fazit. Sie sind Ihr eigenes Fazit. Eine Überraschung gibt es hierbei auch noch: Wenn Sie dieselbe Übung nach einigen Monaten wiederholen, werden Sie vermutlich etwas anders antworten. Wir entwickeln uns schließlich unablässig, ein Leben lang.

Motivationsübung

Nennen Sie Beispiele für Menschen, die Ihrer Meinung nach motiviert sind

_____

_____

_____

_____

_____

Wie fühlen Sie sich, wenn Sie motiviert sind?

_____

_____

_____

_____

Wie fühlen Sie sich, wenn Sie nicht motiviert sind?

_____

_____

_____

_____

Gibt es Menschen, die Sie motivieren?

_____

_____

_____

_____

_____

Was, glauben Sie, würde passieren, wenn Sie Ihre innere Motivation entwickelten?

_____

_____

_____

_____

Gibt es negative Aspekte beim Entwickeln der inneren Motivation?

_____

_____

_____

_____

Was passiert mit Ihnen, wenn Sie jemandem begegnen, der motiviert ist?

_____

_____

_____

_____

_____

Bei welchen Gelegenheiten waren Sie bei Ihrer Arbeit am stärksten motiviert?

_____

_____

_____

_____

Bei welchen Gelegenheiten waren Sie in Ihren Beziehungen am stärksten motiviert?

_____

_____

_____

_____

Bei welchen Gelegenheiten war Ihre Motivation am stärksten?

_____

_____

_____

_____

_____

Was motiviert Sie im Hinblick auf Ihre Arbeit heute?

_____

_____

_____

_____

Was motiviert Sie im Hinblick auf Ihre persönlichen Beziehungen heute?

_____

_____

_____

_____

Gibt es jemanden, von dem Sie Rat oder Hilfe annehmen könnten, um Ihre innere Motivation zu entwickeln?

_____

_____

_____

_____

_____

Was könnten Sie selbst tun, um Ihre innere Motivation zu entwickeln?

_____

_____

_____

_____

_____

Einen Vertrag mit sich schließen

Pläne und Träume wirken lebendiger, wenn man einen Vertrag mit sich selbst schließt. So könnte man einen solchen Vertrag gestalten:

Vertrag mit mir selbst

Ich verspreche mir, diese drei Dinge innerhalb eines Jahres zu tun:

_____

_____

_____

Diese drei Eigenschaften will ich innerhalb eines Jahres entwickeln:

_____

_____

_____

Diese drei schönen Sachen sollen innerhalb eines Jahres in meinem Leben eintreffen:

_____

_____

_____

So soll mein Arbeitsplatz am liebsten sein (darf ruhig völlig unrealistisch sein):

_____

_____

_____

_____

Wenn ich mein Chef wäre, würde ich (wenn es um mich selbst geht):

_____

_____

_____

_____

_____

Folgendes kostet mich zu viel Zeit, und ich will es in dieser Weise ändern:

_____

_____

_____

_____

_____

Diesen Dingen würde ich gern mehr Zeit widmen:

_____

_____

_____

_____

_____

100

Darüber möchte gern mehr lernen:

_____

_____

_____

_____

Das »Muss«, womit ich aufhören will:

_____

_____

_____

_____

Name ....   Datum ....

Manchmal bleiben wir in einem trostlosen Wiederkäuen irgend-
welcher Entscheidungen stecken. Zum Beispiel überlegen wir
endlos, uns endlich einen neuen Job zu suchen, endlich mit dem
Fitnesstraining anzufangen und Ähnliches mehr. Hier stelle ich
Ihnen eine Übung vor, wie Sie sich selbst coachen können, die
ich von Åsa Lundquist Coey, Coach für Führungskräfte, bekommen habe.

Wie coache ich mich selbst – Fragen:

Was ist Ihr Bedürfnis, Ihr Problem, Ihre Fragestellung oder Ihr Ziel? Worauf wollen Sie sich konzentrieren? Was möchten Sie im Gepäck mitnehmen? Sind Sie auf der Suche nach Ideen, alternativen Ansichten, Unterstützung, einem besseren Gefühl oder suchen Sie etwas ganz anderes?

_____

_____

_____

_____

_____

Wenn es das schon gäbe, was Sie gern haben wollen oder benötigen – wenn die Frage bereits beantwortet wäre, wenn das Ziel schon erreicht wäre – wie wäre die Situation dann? Also: Wie sieht die ideale Situation aus?

_____

_____

_____

_____

Wann soll das erreicht sein?

_____

_____

Wer hat Kontrolle über die Situation?

_____

_____

Was könnte ein Zwischenziel oder ein Schritt auf dem Weg sein?

_____

_____

Weshalb ist das ein Ziel für Sie?

_____

_____

Wie betrachtet das ein anderer, der ebenfalls beteiligt ist? Wer von Ihnen ist am positivsten eingestellt?

_____

_____

Wenn Sie es schon versucht haben, welchen Effekt hatte das?

_____

_____

Welche anderen Möglichkeiten haben Sie?

_____

_____

Welche Möglichkeiten haben Sie sonst noch?

_____

_____

Was sonst können Sie tun?

_____

_____

Notieren Sie drei Dinge, die Sie tun können!

_____

_____

Was haben Sie und nutzen es nicht?

_____

_____

Wenn Ihnen unbegrenzte Ressourcen zur Verfügung stünden – Zeit, Geld, usw. –, was würden Sie dann tun? Nehmen Sie sich einen Punkt nach dem anderen vor.

_____

_____

Wenn Sie einen Zauberstab hätten, was würden Sie dann tun?

_____

_____

Was hält Sie zurück, was hindert Sie daran, mehr zu tun?

_____

_____

Wenn Ihnen jemand, tot oder lebendig, Rat oder Unterstützung geben würde, wer würde das sein?

_____

_____

Was würde er/sie dann sagen?

_____

_____

Wenn ein guter Freund/eine gute Freundin von Ihnen dasselbe Problem oder dieselbe Fragestellung hätte wie Sie jetzt, welchen Rat würden Sie ihm/ihr geben?

_____

_____

Wer oder was kann Sie daran hindern, diesen Schritt zu tun?

_____

_____

Wer muss von Ihren Plänen wissen?

_____

_____

Welche Unterstützung oder welchen Beistand brauchen Sie und von wem?

_____

_____

Wann nehmen Sie zu Ihrem Beistand Kontakt auf?

_____

_____

Wie fest entschlossen sind Sie, das wirklich durchzuführen, was jetzt vereinbart wird? Auf einer Skala von 1–10:

_____

_____

Was hindert Sie daran, 10 zu wählen?

_____

_____

Was können Sie tun, um Ihre Entschlossenheit zu ändern oder zu steigern, sodass Sie näher an die 10 herankommen?

_____

_____

12 Gereiztheit und Gekränktsein

Wie ich schon beschrieben habe, kann uns eine ganze Menge, auch an Gefühlen, im Weg stehen, ehe es uns so gut wie möglich geht, ehe wir glücklich und ausgeglichen sind und unser Leben einfacher wird.

Wie wir alle wissen, gibt es die unterschiedlichsten Varianten von Gereiztheit, die uns häufig »heimsuchen«. Das kann alles sein, angefangen bei Ärger, weil es das Postamt nicht mehr gibt, weil man zu lange am Telefon in der Warteschleife hängt, bis hin zu Dauerärger, weil der Partner nie abwäscht oder man sich dauernd wegen eines überkritischen Chefs aufregt. Eine Frau, die von mir gecoacht wird, kommt richtig in Rage, weil die Leute bei der Telefonauskunft immer so lange brauchen, bis sie antworten, die Frau ist jedes Mal, wenn sie dort anruft, sauer. Fast alle, die ich coache, regen sich beim Autofahren auf (die anderen fahren doch alle wie Idioten, und es gibt kaum jemand – außer ihnen –, der wirklich weiß, wie man Auto fährt …). Eine andere Frau, die ich coache, »hasst« den Finanzminister. Sie ist ihm ganz sicher nie begegnet, aber sie bekommt jedes Mal schlechte Laune, wenn sie ihn im Fernsehen sieht.

Aber Wut kann sich auch gegen Menschen richten, die großen Schaden verursacht haben, weil wir durch sie Übergriffen und Gewalt ausgesetzt waren. Oder vielleicht ist es jemandem, der uns nahestand, schlecht ergangen.

In diesem Kapitel gehe ich auf Kränkungen und anderen Ärger ein – Dinge, die wir häufig endlos wiederkäuen. Nur wenig stiehlt uns nämlich so viel Energie, wie auf irgendetwas oder irgendjemanden wütend zu sein, wie sich über irgendetwas oder irgendjemanden zu ärgern oder sich durch irgendetwas oder irgendwen gekränkt zu fühlen. Diese Energie könnten wir stattdessen auf viel Gutes anwenden, auf Sachen, die sowohl uns selbst wie unsere Mitmenschen fördern. Rufen Sie sich einmal einen Menschen aus Ihrer Umgebung in Erinnerung, der ständig klagt, der an allem etwas auszusetzen hat und der es fast persönlich nimmt, wenn die S-Bahn oder der Bus wieder einmal zu spät kommt. Manchmal sind wir selbst solche Nörgler, aber das merken wir meist nicht. Ich bin überzeugt, dass Ihnen solch eine negative und nörgelige Person in Ihrer Nähe einfällt. Stellen Sie sich vor, wenn dieser Mensch all die Zeit, in der er oder sie sich beklagt oder grämt, stattdessen dafür aufwendete, Lösungen für ein Problem zu finden. Wie viel besser ginge es diesem Menschen und wie viel mehr bekäme er oder sie erledigt! Natürlich werden wir wütend, wenn uns jemand dumm kommt, aber wenn wir in dem ewigen Wiederholen und Gekränktsein stecken bleiben, frisst uns das am Ende auf.

Ich habe schier endlos das viele Unrecht, das mir meines Erachtens zugestoßen war, durchgekaut. Und wie oft habe ich es als meine Aufgabe betrachtet, zu überlegen, was andere Menschen tun müssten. (Wenn sie doch bloß dieses und jenes täte oder sich wenigstens ein bisschen mehr anstrengte, dann würde alles viel besser … usw.) Ein Meister war ich früher darin, über andere Leute herzuziehen oder anderen übereifrig ein Feedback zu geben, worum sie nie gebeten hatten. Wenn sie dann wütend wurden oder traurig, ärgerte ich mich über sie und redete noch schlechter. Ich bin so dankbar, dass ich nun endlich gelernt habe, mich quasi selbst zu hören, wenn ich dummes Zeug über andere Menschen denke. Ich habe gelernt, was ich in diesen Momenten tun muss: Dann mache ich dasselbe wie in der Übung im nächsten Kapitel. Dank dieser Übungen werden Kraft und Energie frei, die ich für etwas anderes anwenden kann, und wonach es mir gut geht. Es ist eine solche Befreiung, diese Gereiztheit, diese latente Wut und dieses Gekränktsein los zu sein. Ich bin noch genauso oft wie früher den Unfreundlichkeiten und Fehlern anderer Menschen ausgesetzt, aber ich habe beschlossen, nicht länger ein Opfer dafür zu sein.

Nehmen wir zum Beispiel die Frau, die sich immer über den Finanzminister aufregt. Ich hatte ihr die Aufgabe gestellt, jedes

Mal, wenn sie ihn im Fernsehen oder in einer Zeitung abgebildet sah, ihre Gereiztheit zu überspringen und stattdessen eine Menge Gutes von ihm zu denken: Sie sollte ihm wünschen, dass er gesund und munter ist, dass er geliebt wird und selbst liebt, dass er weiter erfolgreich sein soll, viele gute Freunde finden soll und so weiter. Sie sollte ihm einfach von ganzem Herzen ein glückliches Leben wünschen.

Bis ich ihr diese Aufgabe übertrug, hatte meine Klientin gemeint, ich sei eine gescheite junge Frau. Aber warum sie sich nicht über den Finanzminister ärgern dürfen sollte, konnte sie sich nun überhaupt gar nicht vorstellen. Das Problem war doch, erklärte ich ihr, dass sie sich über einen Menschen aufregte, den sie nicht einmal kannte und der auch gar nicht wusste, dass es sie gab. Trotzdem hatte er die Macht, ihre Seelenruhe zu rauben. Das kann nicht zuträglich sein!

Es gibt Menschen, über die wir uns endlos aufregen können – die aber mit unserem Leben gar nichts zu tun haben! Da müssen wir dann einmal im eigenen Haus gründlich nachsehen. Denn wem geht es eigentlich schlecht, wenn wir wegen eines Menschen sauer sind, der gar nicht da ist? Natürlich uns! Ist denn dieser Mensch wichtiger als unsere eigene Seelenruhe? Vermutlich nicht. Wir müssen also aufhören, den Betreffenden in unserem Inneren hausen zu lassen, und das tun wir, indem wir ihm ein glückliches Leben wünschen. Damit befreien wir uns.

Schlimmer als mit Prominenten, denen wir nie begegnet sind, kann es mit dem Expartner sein. Eine meiner Klientinnen bekam regelmäßig richtig schlechte Laune, wenn sie hörte, dass über ihren Exmann gesprochen wurde. Es ärgerte sie, dass er jetzt erfolgreicher war als damals, als sie verheiratet waren, sie fühlte sich, als habe er sie um etwas geprellt. Als sie von seiner Verlobung hörte, rastete sie vor lauter Wut fast aus – obwohl sie die Scheidung eingereicht hatte, was im Übrigen schon etliche Jahre zurücklag. Aber sie wurde die Gereiztheit nicht los, die sie wegen ihres Exmannes empfand. Selbst ihr soziales Leben war dadurch eingeschränkt, denn sie hielt es nicht aus, an Veranstaltungen teilzunehmen, bei denen er möglicherweise hätte auftauchen können. Sie brach auch den Kontakt zu den gemeinsamen Freunden ab, um bloß nichts über ihn hören zu müssen. Sie erwog tatsächlich, in eine andere Stadt umzuziehen. Ihr Exmann hatte sich zu einem Hirngespinst entwickelt.

Ansonsten war sie eine intelligente Frau, die alle Aufgaben, die ich ihr gab, stets erledigte. Sie fand sie lohnend und sinnvoll, und sie bemerkte sehr schnell eine Veränderung in ihrem Leben. Dann stellte ich ihr die Aufgabe, ihrem Ex Glück zu wünschen. Sie behauptete energisch, sie habe überhaupt kein Problem damit, jedem anderen, der sie aufrege, ein glückliches Leben zu wünschen. Aber bei dem Ex sei das etwas anderes. Als ich ihr also die Aufgabe mitgab, log sie und sagte, sie würde nach Hause gehen und es tun. Aber in Wahrheit dachte sie gar nicht daran. Sie wusste allerdings inzwischen, dass ich vermutlich darauf bestehen würde, selbst wenn sie Nein sagte. Als sie nach unserem Treffen ging, dachte sie, dass diese Idee doch wirklich blöd sei, auch wenn sie von einer Frau stammte, die sie bislang als zuverlässig und gescheit erlebt hatte. Wenn jemand ein glückliches Leben brauchte, dann doch wahrhaftig sie selbst – und nicht ihr Exmann! Ihm ging es doch ausgezeichnet, er litt doch keine Not!

Einige Tage später erhielt sie eine Einladung zu einem Essen, erfuhr aber im letzten Augenblick, dass ein Arbeitskollege ihres ehemaligen Mannes ebenfalls kommen würde. Sie beschloss, die Einladung abzusagen. Stattdessen saß sie allein zu Hause und langweilte sich. Erst als sie schlafen gehen wollte und sich vorher hinsetzte, um in das »Ich bin gut«-Heft zu schreiben, begriff sie, dass sie sich selbst einen weiteren schönen Abend vermiest hatte, nur um sich zu schonen und sich »gute Nachrichten« über ihren ehemaligen Mann zu ersparen. Höchst widerwillig beschloss sie da, aufzuschreiben, dass sie ihm ein glückliches Leben wünsche. Das tat sie nur, um nicht noch eine einzige Sekunde Bitterkeit auf ihren Ex zu verschwenden. Sie musste noch etliche weitere Male um ein glückliches Leben für ihren ehemaligen Mann »bitten«, denn sie ertappte sich selbst bei Rückfällen, in denen sie wieder auf ihn sauer war.

Am Ende klappte es viel leichter als zu Anfang. Da dachte sie einfach nur still und leise für sich: Schenk Andreas ein glückliches Leben – und schon war der Ärger verflogen.

Wenn man sich die beiden Beispiele mit dem Exehemann und dem Finanzminister genauer anschaut, so kommt es einem doch so vor, als seien diese Männer förmlich in die Köpfe dieser beiden Frauen eingezogen gewesen. Aber sie bezahlten keine Miete, und was am schlimmsten war: Sie selbst hatten keine Ahnung, dass sie dort wohnten! Als ich dieses Phänomen begriff, fielen mir auch meine beiden Lieblingshassobjekte ein, die sich so oft in meinem Kopf breitgemacht, aber niemals etwas davon gewusst hatten. Da war ich endlich willens, sie ziehen zu lassen.

Hier folgt ein Vorschlag für eine Bitte oder einen Spruch. Man kann sie benutzen, wenn man merkt, dass man an jemandem oder etwas hängt und nicht davon loskommt. Wenn ein Mensch oder eine Kränkung, wenn ein erlittenes Unrecht in den eigenen Kopf eingezogen ist und sich weigert, wieder zu gehen:

Hilf mir, … in gleicher Weise Toleranz, Geduld und Mitgefühl zu erweisen, wie ich es mir wünsche.

Lass es … so gehen, wie es mir geht. … soll alles das haben, was ich habe und worum ich bitte, wie Liebe, Glück, Gemeinschaft, Gesundheit, Freundschaft, Schönheit, Erfolg (gern selbst ergänzen).

Schenke … ein glückliches Leben.

Es kann sehr schwer sein, jenen Menschen aufrichtig alles Gute zu wünschen, die wir aus vielerlei Gründen total ablehnen. Ja, ihnen womöglich sogar das zu wünschen, was wir uns ersehnen – das kommt einem fast absurd vor.

Aber überlegen Sie doch einmal: Wenn es Ihnen richtig gut geht, wenn im Job alles super läuft, wenn Sie sich geliebt fühlen, wenn die Finanzen stimmen, wenn Sie stark und gesund sind, wenn Sie sich attraktiv finden und so weiter – wie gehen Sie in einer solchen Situation auf Ihre Umwelt zu? Jedenfalls nicht mit muffigem Gesicht! Wenn wir mit uns im Reinen sind, kommen wir nur sehr selten mit anderen in Konflikt. Dann sind wir von vorneherein großzügig und wohlwollend gestimmt. Wir sind geduldig und nachsichtig, und wir vermeiden, anderen auf die Zehen zu treten. Es ist höchst unwahrscheinlich, dass wir absichtlich andere brüskieren, wenn unser eigenes Leben super läuft. Deshalb ist es wirklich nur von Nutzen, wenn es so vielen Menschen wie möglich gut geht. Wenn Sie also an Ihre »Feinde« denken und hoffen, dass diese glücklich werden mögen, dann färbt das doch auf Sie ab! Indirekt werden Sie so ebenfalls glücklich. Das Risiko, dass ein Mensch, der mit seinem Leben zufrieden ist, Lust bekommt, anderen zu schaden, ist minimal. Wir alle haben also etwas davon, wenn wir auch »Blödmännern« Gutes wünschen.

Aber vielleicht hat uns jemand etwas so Schreckliches angetan, dass wir uns unmöglich wie im Beispiel oben verhalten können. So ging es mir mit dem Freund, der mich geschlagen hatte. Um mich von der Bitterkeit zu befreien, dachte ich: Hilf mir, einem kranken Menschen seine kranken Handlungen zu vergeben.

Wenn das noch zu schwer ist, kann man einen Schritt weiter zurücktreten und denken: Hilf mir, akzeptieren zu wollen, dass einem kranken Menschen seine kranken Handlungen vergeben werden. So dachte ich im Hinblick auf den Mann, der mich geschlagen hat, und am Ende, nach sehr viel Üben, war ich tatsächlich willens, ihm ein würdiges Leben zu wünschen. Und heute, nach etlichen Jahren, kann ich ihm problemlos Liebe, Glück, Gesundheit, Freunde, Vergebung und ein glückliches Leben wünschen. Was in überhaupt gar keiner Weise bedeutet, dass es okay war, war damals geschah.

So an einen Menschen denken zu können, den man einmal restlos abgelehnt hat, beschwört ein leicht unwirkliches, aber unerhört schönes Gefühl. Viele Stunden habe ich damit vergeudet, mir detailliert auszumalen, wie ich diesen Mann am liebsten hätte umbringen wollen. Ich habe mir auch überlegt, was für schreckliche Sachen ihm zustoßen könnten und wie schadenfroh ich dann sein würde.

Heute bin ich völlig frei von Rachefantasien. Ich würde keinem anderen Menschen den Tod wünschen, egal, was der Betreffende getan hat. Ich würde nicht einmal so denken, wenn irgendjemand jemandem aus meiner Familie etwas wirklich Schreckliches antun würde. Denn ich weiß heute, dass Rache gar nichts nützt. Welchen Vergeltungsakt auch immer ich mir vorstelle, die Tat könnte ich damit doch niemals ungeschehen machen.

Ich bin froh, dass ich diese Sachen heute anders sehe. Das ist nämlich auch ein Zeichen dafür, dass ich klüger geworden bin und mich besser leiden kann. Und dass ich mich mit dem ausgesöhnt habe, was in meinem Leben geschehen ist. Ich will damit nicht sagen, dass ich recht habe und dass sich alle, die anders denken, irren; ich bin einfach nur froh, dass sich meine Auffassung geändert hat. Statt mich an Dingen festzubeißen, die ich nicht mag, wende ich mich den Menschen und Interessen zu, die einen Platz in meinem Leben haben sollen. Nervige Menschen und Situationen gibt es auch weiterhin, aber ich kann heute leichter damit umgehen. Und **ich konzentriere mich auf das Erfreuliche im Leben.**

Gehören Sie zu denen, die schnell auf andere reagieren, auf das, was sie sagen oder tun? Ertappen Sie sich oft dabei, etwas gesagt zu haben, von dem Sie später wünschten, Sie hätten es nicht gesagt? Wollen Sie gern lernen, etwas bedächtiger zu reagieren? Dann habe ich einen Trick, zu dem Sie greifen können. Ehe Sie dem Impuls nachgeben, sich in irgendetwas einzumischen, stellen Sie sich die folgenden drei Fragen:

1. Muss das gesagt werden?
2. Muss das von mir gesagt werden?
3. Muss das jetzt gesagt werden?

Meine Erfahrung hat mir gezeigt, dass ich Menschen manchmal vorschnell verurteile und dass sie sich als richtig sympathisch erweisen können, wenn ich ihnen etwas Zeit lasse. Ich täusche mich oft bei solchen »Schnellschüssen«. Ich erinnere mich auch immer selbst daran, dass diejenigen, die mir wirklich unsympathisch sind, sich eben auf eine Weise benehmen, wie ich es nicht mag. Doch auch sie können sich ändern. Aber zunächst einmal warte ich ab und gehe ihnen manchmal sogar aus dem Weg.

Übung zur Gereiztheit

Wenn Sie sich entschieden haben, die Übungen zu machen, die ich bisher vorgeschlagen habe, haben Sie bereits Zugang zu Ihren Träumen und haben einige davon aufgeschrieben. In dem Abschnitt, der von innerer und äußerer Motivation handelt, haben Sie einiges über sich und Ihre persönlichen Wertungen gelernt. Es ist Ihnen auch gelungen, sich jeden Tag ein bisschen Zeit zu nehmen, um schriftlich Ihre Erfolge und guten Eigenschaften in Ihrem »Ich bin gut«-Heft festzuhalten.

Jetzt ist es an der Zeit für eine Übung, die von Wut handelt, von Ärger und dem, was uns stört. Es geht in dieser Übung darum, unsere Selbst(er)kenntnis zu fördern. Kenntnisse von sich selbst sind für jegliche persönliche Entwicklung unabdingbar. Wir müssen sehen und wissen, was wir verändern, weglassen oder weiterentwickeln wollen. Wenn ich diese Aufgabe an Menschen gebe, die ich coache, werde ich manchmal gefragt: Was soll das? Meinen Sie damit, ich soll nicht mehr auf Menschen wütend werden? Oder meinen Sie, dass man sich nie gekränkt fühlen darf? Es gab Menschen, die waren besorgt, ob sie nach den Übungen ängstlich und feige würden und nicht länger für sich und ihre Meinungen einstehen könnten. Das ist bestimmt nicht meine Absicht. Wir sollen unbedingt sagen, wenn wir uns gekränkt fühlen, und wir dürfen uns so viel wir wollen an Menschen und Phänomenen stören. Das Ziel der Übung, außer der Selbsterkenntnis, ist folgendes: Sie soll uns ermöglichen, das Gereiztsein »abzuwählen«, wenn wir merken, dass es uns zu viel Energie kostet. Außerdem gelingt es uns besser, unseren Willen zum Ausdruck zu bringen und unsere

Ansichten, wenn wir nicht beim Ärger hängen bleiben. Mir selbst rutschen immer mal wieder Äußerungen heraus, die ich später bereue, wenn die Wut verraucht ist. Das hier ist also eine moderne Variante des »bis zehn zu zählen« – wenn Sie wissen, was ich meine.

Sie werden genauer hinschauen und wissen, in welchen Situationen, bei welchen Menschen und bei welchen Geschehnissen Sie wütend werden, verärgert sind oder sich gekränkt fühlen.

Wählen Sie fünfzehn Ärgernisobjekte aus und notieren Sie diese auf den folgenden Seiten. Schreiben Sie auf jeden Fall Ihre Eltern, Ihren Partner und Ihre Kinder dazu – über irgendetwas ärgern wir uns immer bei denen, die wir lieben! Schrecken Sie nicht davor zurück, Menschen aufzuschreiben, bei denen Sie sofort ein schlechtes Gewissen bekommen, weil Sie sich über sie ärgern, zum Beispiel Ihre Kinder. Dass Sie die auf der Liste aufführen, bedeutet nicht, dass Sie sie nicht lieben! Im Gegenteil – und Sie werden besser mit ihnen zurechtkommen.

Sind Sie oft auf Bus, Straßen- oder S-Bahn wütend, weil die zu spät kommen? Dann notieren Sie den Namen des örtlichen Verkehrsverbunds. Geraten Sie beim Einkaufen häufig an unfreundliche Kassiererinnen? Setzen Sie sie auf die Liste. Auch Kollegen, Kunden und Lieferanten, die Sie – Hand aufs Herz – am liebsten los wären.

Vielleicht fragen Sie sich, wozu das gut sein soll, sich an die anstrengenden Menschen zu erinnern, die Sie gekränkt haben, oder an all die Geschehnisse, deretwegen Sie schlechte Laune hatten. Der Sinn dieser Übung ist, dass Sie ein Muster aufspüren und davon ausgehend Werkzeuge entwickeln, die Sie benutzen können, um zukünftig die negativen Gefühle zu vermeiden, die diese Personen oder Geschehnisse in Ihnen auslösen. Wenn Sie diese Übung ernst nehmen und sie ehrlich und sorgfältig durchführen, werden Sie nach einer Weile merken, wie sich die Leute in Ihrer Nähe verändert haben! Das kommt daher, dass Sie einen Schlüssel dafür bekommen haben, wie Sie selbst in verschiedenen Situationen reagieren! Ich glaube, dass die Kenntnis von uns selbst, die wir durch diese Übung erhalten, dazu beiträgt, dass wir mit unseren Mitmenschen nicht mehr im selben Umfang zusammenstoßen müssen wie früher. Übungen wie diese helfen uns dabei, uns weiterzuentwickeln und zu wachsen.

Beginnen Sie mit einer Liste von 10 bis 15 Personen, über die Sie sich ärgern. Danach fragen Sie sich nach den Ursachen. Woran liegt es, dass Sie sich ärgern? Sie brauchen keinen Aufsatz zu schreiben! Kurze Erklärungen reichen, zum Beispiel: »Sie unterbricht mich immer, wenn ich etwas sage.« Oder: »Er ist eingebildet und bescheuert.« Wenn die fragliche Person bei einer bestimmten Gelegenheit etwas Blödes gemacht hat, reicht es, wenn Sie einfach »Weihnachten« aufschreiben. Was passiert war, ist ja schon geschehen; wir müssen es nicht wiederholen und wir müssen uns auch nicht noch einmal genau vergegenwärtigen, was für ein Gefühl das war.

So entsteht allmählich eine Dokumentation, aus der sich schließlich Einsichten zu unseren eigenen Reaktionsmustern und Verhaltensweisen ableiten lassen.

Nachdem Sie die Ursachen ihres Ärgers notiert haben, ist es an der Zeit für die nächste Frage. Die dritte Frage lautet: Worin/ inwiefern fühle ich mich bedroht? Da werden manche vielleicht abwehren: »Ich fühle mich von Michael nicht bedroht. Ich finde lediglich, dass er ein Idiot ist!«

Natürlich, so denkt man im ersten Augenblick. Aber damit wir uns über etwas ärgern können und uns von irgendjemandem oder irgendetwas gekränkt fühlen können, muss sich ein Aspekt unserer Persönlichkeit angegriffen fühlen.

Unten folgt ein kleines »Menü«, aus dem Sie auswählen können, und davon können durchaus mehrere Alternativen richtig sein. Es muss nicht vollkommen korrekt sein – wichtig ist, dass Sie sich in dieser Art zu denken üben. Anders ausgedrückt: **Wenn ich mich über etwas ärgere oder wütend werde, dann fühlt sich in mir selbst irgendetwas bedroht.**

Selbstwertgefühl

Wenn ich einen Expartner habe, der abwertend über mich und mit mir spricht, wird mein Selbstwertgefühl bedroht. Oder wenn mein Vater mich nicht so erfolgreich findet, wie er es sich von mir wünscht, wird ebenfalls mein Selbstwertgefühl bedroht. Wenn ich als Kind von einem Elternteil verlassen wurde, bedroht das natürlich ebenfalls mein Selbstwertgefühl.

Stolz (wenn Sie sich gekränkt fühlen)

Während eines früheren Jobs saß ich einmal in einem Meeting mit einem zukünftigen Lieferanten zusammen. Ich war neu und fühlte mich etwas unsicher, und mir war es wichtig, einen kompetenten Eindruck zu hinterlassen. Einer meiner Chefs ging vorbei und sagte in lässigem Ton: »Mia, denk dran, dass du die Papierkörbe ausleerst, wenn du hier fertig bist.« Er war mir gegenüber also herablassend vor jemandem, dem ich imponieren wollte, und mein Stolz wurde bedroht. Ich war mit anderen Worten sehr gekränkt.

Gefühlsmäßige Sicherheit (wenn Sie sich ängstlich und unsicher fühlen)

Wenn ich zur Arbeit komme und erfahre, dass an meinem Arbeitsplatz 200 Menschen gekündigt wird, dann wird meine gefühlsmäßige Sicherheit bedroht. Es passiert mir auch häufig, dass ich meine gefühlsmäßige Sicherheit irgendwie als bedroht empfinde, wenn ich mit Menschen zusammen bin, die ich als unzuverlässig oder gefährlich erlebe.

Materielle Sicherheit (wenn jemand Ihre Sachen oder Ihr Geld nimmt)

Diese Alternative kommt auch zum Tragen, wenn unser Körper Schaden nehmen kann. Wenn ich in einer Situation oder Beziehung riskiere, dass es mir physisch schlecht ergeht, sind sowohl meine gefühlsmäßige wie auch meine materielle Sicherheit bedroht.

Persönliche Beziehungen (zu Menschen, die Sie mögen und brauchen)
Wenn meine Mutter mir verbot, mit einer bestimmten Freundin zu spielen, wurden meine persönlichen Beziehungen bedroht, als ich klein war. Oder wenn sich ein Freund mit einem anderen Freund unterhält und schlecht über mich spricht – dann werden meine persönlichen Beziehungen bedroht. Ein anderes Beispiel: Mein Freund und ich machen Schluss. Seine Schwester, die ich unglaublich gern habe und zu der ich gern weiter Kontakt haben würde, findet aber, sie müsse »wählen«.

Soziale Ambitionen (wie Sie finden, dass etwas sein soll, Ihre Ansichten)
Manchmal ärgern uns Sachen und Menschen, die wir nicht kennen, mit denen wir nicht einmal zu tun haben, wie in dem Fall der Frau, die sich über den Finanzminister aufregte. Wenn wir uns über Sachen und Menschen aufregen, die uns eigentlich nicht das Mindeste angehen, sind unsere sozialen Ambitionen bedroht. Eine Frau, die regelmäßig zu mir kam, empfand einen extremen Widerwillen gegen übergewichtige Menschen. Sie fand, wenn die sich erlaubten, dermaßen zuzunehmen, hätten sie nichts mehr zu sagen. Viele regen sich darüber auf, dass manche Eltern ihre Kinder so »verwöhnen«. Nichts von alledem geht uns etwas an, aber unsere sozialen Ambitionen sind dadurch bedroht.

Zukunftsambition (Ihre Zukunftsträume, wie Ihr Leben Ihrer Vorstellung nach hätte werden sollen)
Manchmal kommt es vor, dass wir eine genaue Vorstellung von unserer Zukunft hatten, uns aber andere Knüppel zwischen die Beine werfen. Wenn zum Beispiel mein Arbeitsplatz gekündigt wird, platzt ein Teil meiner Zukunftsambitionen. Oder wenn mich mein Partner verlässt, obwohl ich immer noch mit ihm zusammen sein will: Dann bekomme ich nicht die Zukunft, die ich mir erhofft habe. (In diesem Fall sind noch mehr Aspekte bedroht, zum Beispiel mein Selbstwertgefühl, mein Stolz und meine gefühlsmäßige Sicherheit.)

Zur Verdeutlichung folgen hier einige Beispiele:

Wer Name	Warum Ursache	Was Bedroht
Lena	Schlechte Kursleiterin	Soziale Ambition
Lars (mein Chef)	Gab mir zu wenig Zeit	Stolz, Selbstwertgefühl
Kenneth	Sagte, wir könnten uns nicht treffen	Gefühlsmäßige Sicherheit
Birgitta	Wollte mich mit einem gemein- samen Freund verkuppeln	Gefühlsmäßige Sicherheit, Stolz
Nina	Hat mich vor einer Freundin schlechtgemacht	Persönliche Beziehungen, gefühls- mäßige Sicherheit
Monika	Hat schlechten Geschmack, mischt alle Stile, sieht bescheuert aus	Soziale Ambition

Haben Sie Spalten gebildet und eingetragen: wer, warum und was bedroht ist? Und der Ärger will trotzdem nicht vergehen? Dann ist es gut, eine Weile innezuhalten und zu versuchen, liebevoll an diejenigen zu denken, über die Sie sich aufregen.

Mein Anteil

Wenn Sie das getan haben, sind Sie bis zur vierten Spalte gekommen und zur letzten Frage, die Sie sich stellen sollen. Die Überschrift der letzten Spalte heißt »Mein Anteil«. Die Frage lautet: Wenn ich mich so über diesen Menschen oder dieses Ereignis aufrege – habe ich vielleicht selbst einen Anteil daran? Kann es vielleicht sein, dass ich etwas getan oder gesagt habe, was die Beziehung negativ beeinflusst hat?

Wenn wir ehrlich zu uns sind und wirklich unsere persönliche Entwicklung anstreben, finden wir eigentlich immer etwas, das wir in diese letzte Spalte eintragen können. Bedenken Sie, dass Sie letztendlich immer der Unterlegene sein werden, wenn Sie schlecht über andere reden. Denn beim nächsten Treffen werden Sie sich ein bisschen schuldig und dumm fühlen. Je weniger ich mich selbst mag, umso mehr rege ich mich über andere auf.

Hier ein paar Beispiele, die in die Rubrik »Mein Anteil« passen können:

Selbstbezogenheit und Selbstgefälligkeit

Selbstbezogenen Menschen sind wir alle schon begegnet. Ich saß einmal mit einigen Freunden und Bekannten zusammen und wir unterhielten uns. Nach einer Weile entschloss sich eine meiner Freundinnen, uns etwas anzuvertrauen, das ihr gerade zugestoßen war. Man habe, berichtete sie, bei ihr einen Knoten in der Brust diagnostiziert, und weil der Tumor bösartig sei, müsse ihre Brust in einer Woche amputiert werden. Da machte einer der Männer in der Runde den Mund auf: »Ich hab einen Knoten am Bein – verdammt, das ist bestimmt auch Krebs!« Es ist schwer, in solchen Situationen die richtigen Worte zu finden, man weiß kaum, was man sagen soll und dann passiert es leicht, dass man etwas Blödes sagt. Aber dieser Freund ist leider oft so, er kann kaum an einem Gespräch teilnehmen, das sich nicht um ihn dreht. Manchmal ist es deshalb schwer, mit ihm befreundet zu sein. Was schade ist, denn eigentlich hat er eine Menge zu geben, wenn er nur aus seiner Haut könnte und den Menschen in seiner Umgebung mit ernsthaftem Interesse begegnen würde.

Neid

Wenn man das Wort im Wörterbuch nachschlägt, steht da »Empfindung, Haltung, bei der jemand einem anderen dessen Besitz oder Erfolg nicht gönnt und selbst haben möchte.« Etwas bei einem Freund zu entdecken, das man selbst auch haben will, ist im Prinzip nichts Schlechtes. Oft kann das ja ein Anlass sein, sich anzustrengen, um diese Sache zu erreichen. Neid kann man im Grunde als eine Form der Bewunderung betrachten. Aber wenn Neid mit Missgunst gemischt ist und zu lange anhält, ist er eine sehr unangenehme »Krankheit«. Diese »Krankheit«, also die Missgunst, ist nur von Übel, sie bringt nie etwas Gutes mit sich. Wenn mein Selbstwertgefühl sehr gering ist und ich ständig damit beschäftigt bin, mich mit anderen zu vergleichen, bin ich ja eigentlich nie richtig präsent. Ich bin kein guter Zuhörer, wenn ich die ganze Zeit, während andere reden, denke: Ich auch! Oder: Warum ich nicht? Warum hat sie das bekommen? Die ist vielleicht aufgeblasen! Warum hat sie so viel Erfolg, *verdienen* tut sie das wirklich nicht. Warum verdient sie so viel Geld und ich nicht?

Ich hörte einmal eine Frau, mit der ich vor Jahren zusammengearbeitet habe, über mich reden. Sie sagte so etwas wie: »Das konnte man sich ja denken, dass alles für Mia gut laufen würde, aber *so* gut (mit Neid in der Stimme), also das hätte man ja nicht gedacht.«

Ich bin mir ganz sicher, dass sich diese Frau eigentlich für mich freut. Aber weil sie sich immer mit anderen vergleichen und mit ihnen wetteifern muss, kann sie sich nicht richtig mit ihren Freunden freuen, wenn die mal Glück haben.

Gedankenlosigkeit
Wenn wir nicht nachdenken, ehe wir agieren. In stressigen Situationen geschieht es leicht, dass wir nicht einkalkulieren, welche Konsequenzen unser Handeln haben kann.

Geiz
Dabei muss es sich gar nicht immer um Geld handeln. Der Geizige ist selten zufrieden, er will immer mehr haben, und es fällt ihm generell sehr schwer, zu teilen (z. B. den Bekanntenkreis).

Falscher Stolz

Sich gekränkt fühlen, weil andere uns nicht die Bestätigung geben, die wir unserer Meinung nach verdient hätten. Echter Stolz ist etwas ganz anderes, den kann uns niemand nehmen. Wer abhängig ist von der Billigung anderer und von ihrer Bestätigung, um in den eigenen Augen etwas wert zu sein, wird auch ungeheuer wachsam auf das geringste Zeichen von Zurückweisung oder Unterlegenheit reagieren. Alles kann uns kränken, ein verstohlener Blick genauso wie dass ein anderer zufällig die ganze Aufmerksamkeit auf sich zieht. Nie um Entschuldigung und nie um Hilfe bitten zu können – sich nie »so weit herabzulassen« –, ist ebenfalls eine Folge von falschem Stolz.

Hochmut

Allzu große Wertschätzung des eigenen Ichs und entsprechende Abwertung von anderen. Man kann zu geringes Selbstwertgefühl auch kompensieren, indem man sich einredet, man sei allen anderen überlegen.

Selbstmitleid

Sich als Opfer fühlen und sich selbst leidtun.

Perfektionismus

Das Streben nach Perfektion und die Tendenz zu übertriebener Pedanterie. Hat man ein geringes Selbstwertgefühl, gibt es nur alles oder nichts – man kann nicht nur halbwegs gut sein und sich manchmal ein bisschen verhauen oder dann und wann mal irren. Man muss perfekt sein, sonst ist man nichts wert. Bei so strengen Richtern ist es kein Wunder, dass es einem schwerfällt, Kritik zu ertragen oder einer Konkurrenz ausgesetzt zu sein.

Intoleranz

Mangel an Respekt und Verständnis für die Ansichten oder das Verhalten anderer.

Unehrlichkeit
Nicht ehrlich sein gegenüber anderen und sich selbst. Stehlen und lügen ist unehrlich. Keine Grenzen zu setzen und wichtige Dinge nicht offen anzusprechen ist auch unehrlich.

Selbstsucht
Nur die eigenen Vorteile sehen. Eine meiner Klientinnen, die sich vor lauter Stress sozusagen fast umbrachte, war zunächst empört, als ich ihr Verhalten als selbstsüchtig bezeichnete. »Ich soll selbstsüchtig sein!«, protestierte sie. »Wo ich doch immer nur allen anderen zu Willen bin!« Nachdem wir eine Weile diskutiert hatten, konstatierten wir, dass sie sehr fleißig war, sie schien tausend Arme zu haben, die sich um alles kümmerten, zu Hause und bei der Arbeit. Aber sie bat nie um Hilfe und sie machte aus einem einfachen Grund immer allen alles recht: Sie wollte, dass alle sie mochten. Nicht aus Nächstenliebe stellte sie also so hohe Anforderungen an sich selbst. Sondern aus Selbstsucht. Heute bittet sie um Entlastung, statt sich das Doppelte und Dreifache aufzuhalsen und regelmäßig in Selbstmitleid zu verfallen. Sie hat von ihrem Perfektionismus abgelassen, und ihre Beziehungen haben sich beträchtlich verbessert.

Rücksichtslos
Handeln, ohne die negativen Folgen für die Umgebung zu bedenken.

Die oben beschriebenen Zustände sind alle absolut menschlich und sie sind durchweg Auswirkungen von zu geringem Selbstwertgefühl.

Eine Frau, die ich coachte, jammerte immerzu über die Karriere und die Liebe. Sie hatte Todesangst, dass ihr Freund sie verlassen könnte und sie damit eine »Ex« würde. Diese Frau war sowohl erfolgreich wie beliebt, aber sie fühlte sich trotz dieser positiven Umstände nie sicher. Wir legten ein Inventar ihrer Ängste an, und nach und nach enthüllte sich ihr eigentliches Problem. Ganz klar hatte sie ein geringes Selbstwertgefühl, und dabei stach vor allem der falsche Stolz hervor. Die Angst, dass ihre Karriere misslingen könnte, hatte nichts mit ihrer zukünftigen wirtschaftlichen Situation zu tun (darüber kann man sich natürlich schon Sorgen machen). Nein, alles drehte sich darum, wie gekränkt sie sein würde, wenn ihre Karriere ins Stocken geriete. Diese Demütigung würde sie nicht ertragen können. Und der lauernde Schrecken, den sie bei dem Gedanken empfand, ihr Lebensgefährte könnte sie verlassen, rief Neid (auf alle schönen Frauen) und Eifersucht hervor. Aber mit Liebe hatte dieser Schrecken gar nichts zu tun. Es würde doch ihre Ehre verletzen, wenn er sie verließe! Vielleicht würden die Leute über sie lachen, sich auf ihre Kosten amüsieren und höhnisch sticheln. Nachdem wir systematisch erfasst hatten, was ihr geringes Selbstwertgefühl alles auslöste, konnte sie endlich das schätzen, was sie hatte. Heute genießt sie die Anregungen, die sie durch ihre Arbeit bekommt, während die Frage der Karriere sie höchstens noch in ökonomischer Hinsicht beunruhigt. Sie schätzt und liebt ihren Freund und lässt die Liebe nicht in der Angst, verlassen zu werden, ertrinken.

Stärkt man sein Selbstwertgefühl, zaubert man sein wahres Ich hervor, und man wird im Umgang mit anderen ein viel angenehmerer Mensch!

Es gibt Menschen, die sich von mir bedroht fühlen. Sie finden, ich nehme zu viel Platz ein und rede zu schnell und zu viel. Die Folge ist, dass ich einiges an übler Nachrede erlebe. Ich habe es zu ertragen gelernt und beschlossen, trotzdem so zu bleiben. Es ist interessant, die Menschen rings um mich zu beobachten, wenn ich nicht selbstzentriert bin. Ich sehe ganz deutlich, wer schlecht über mich geredet hat. Wenn wir uns begegnen, sieht die Person schuldig aus. Körpersprache und Mienenspiel erzählen eine ganze Menge. Wir sind in dem, was wir denken und meinen, viel deutlicher, als wir manchmal glauben. Wir müssen wirklich nicht alle Menschen lieben. Aber es kann gut und hilfreich sein, sich daran zu halten, dass wir am besten nichts Negatives über andere sagen, die nicht anwesend sind und sich verteidigen können.

In früheren Kapiteln habe ich viel davon gesprochen, wie wichtig es ist, glücklich zu sein. In Frieden und Harmonie mit seinen Mitmenschen zu leben, ist dafür ausgezeichneter Nährboden. Und hier habe ich versucht zu vermitteln, dass es wirklich an uns selbst liegt, unser Leben in diese Richtung zu lenken. Ehe ich mich entscheide, in einen Konflikt einzusteigen, ermahne ich mich immer, meine Auseinandersetzungen sorgfältig auszuwählen und dazwischen Kraft zu sammeln. Dabei fällt mir auf, dass zahlreiche Konflikte eigentlich unerheblich, kleinlich und unnötig sind. Über viele kann man später aus der Distanz lachen. Wenn ich mich entscheide, mit den Mängeln und Fehlern der anderen Menschen nachsichtig zu sein, spare ich Kraft, die vielleicht gebraucht wird, falls es später zu einer Situation kommt, wo ich wirklich um mein Recht, mein Selbstwertgefühl oder vielleicht sogar um mein Leben kämpfen muss. Aber bis dahin soll es in meiner Umgebung gern ruhig und schön sein. Und damit das so ist und bleibt, lasse ich Kleinigkeiten nicht an mich herankommen. Meistens sind es nämlich die Kleinigkeiten, weshalb sich die Menschen in die Haare geraten. Falls Sie eine unbezwingbare Lust überfällt, an Ihrem Partner herumzumäkeln, der vielleicht gerade etwas Blödes gesagt hat, können Sie sich stattdessen auch stumm Luft machen: Will ich recht bekommen oder will ich glücklich sein? Die alltägliche Streiterei um Kleinkram wird leicht zu einer Prestigefrage, aber es gibt doch wirklich einen Unterschied zwischen recht *bekommen* und recht *haben*. Viele, die nicht recht haben, können durch Sturheit und Rechthaberei recht bekommen. Aber wenn man mal der Wahrheit die Ehre gibt – wer kann denn eigentlich entscheiden, was bei all den alltäglichen Ausflüchten falsch ist und was richtig?

13 Unruhe, Unsicherheit und Angst

Ich verzichte darauf, zwischen Unruhe, Unsicherheit und Angst streng zu unterscheiden. Ich bezeichne sie ganz einfach allesamt als Ängste, große und kleine. Nur weniges wirkt auf unsere persönliche Entwicklung so hemmend wie Ängste, nur wenige Menschen erschrecken mich so sehr wie wirklich ängstliche Menschen. Nach meiner Erfahrung sind gewalttätige Menschen oftmals eigentlich ängstlich.

Genau wie beim Kapitel »Gereiztheit und Gekränktsein« folgt hier eine Übung, mit deren Hilfe wir uns selbst ein bisschen besser verstehen lernen. Als ich anfing, mein neues Leben aufzubauen, war es für mich nötig, mir einige gesunde Ängste zuzulegen, die ich »verloren« hatte. Ich war zum Beispiel stolz darauf, dass ich gut mit gewalttätigen Psychopathen umgehen konnte. Bei denen hatte ich nie Angst. Dieses Denken war natürlich nicht gesund, und heute vermeide ich kategorisch Menschen, die gefährlich werden können.

Der Sinn dieser Übung ist also, dass wir uns zuerst einmal unsere Unruhe, unsere Unsicherheit und unsere Ängste anschauen. Dann entscheiden wir uns, diejenigen zu behalten, die »gesund« sind, und die Ängste wegzupacken, die nicht zuträglich sind und die uns in unserer Entwicklung hemmen.

Eine kluge Frau sagte zu mir: »Mir ist etwas aufgefallen. Das, worüber ich mich beunruhige, tritt im großen Ganzen nie ein. Dagegen passieren andere Sachen, die ich nicht vorhersehen konnte, aber mit denen werde ich immer fertig. Das bedeutet doch, dass ich mich die ganze Zeit unnötig beunruhigt habe. Was für eine Verschwendung!« Genauso ist es. Wenn nun das, wovor wir uns so sehr fürchten, entgegen aller Wahrscheinlichkeit eintrifft, dann wird es anders sein, als wir gedacht haben. Außerdem: Warum sollen wir zwei Mal zur selben Beerdigung gehen? Zur ersten, ehe die Katastrophe eintrifft, und danach auch zur zweiten?

Manchmal begegnen mir Menschen, die vor lauter Angst, dass ihr Partner sie verlassen könnte, nicht einmal das nutzen, was sie haben. Sie sind von ihrer Angst wie verblendet. Sie kontrollieren unablässig, was ihre Partner tun, weil sie verhindern wollen, dass das eintrifft, wovor sie sich fürchten. Es gibt Menschen, die haben solche Angst davor, verlassen zu werden, dass sie selbst eine Beziehung beenden. Nur um sich zu versichern, dass sie nie verlassen werden.

Ich behaupte nicht, dass es mit der Liebe leicht ist. Im Gegenteil, es ist sehr mutig, wenn wir einen anderen Menschen in unser Leben lassen, denn wir riskieren, verletzt zu werden. Aber wenn wir nicht alles tun, was wir können, um diese Angst aus dem Weg zu räumen, werden wir uns nicht an unserem Partner erfreuen können.

Ich musste eine Menge lernen, als der, den ich liebte, sich das Leben nahm. Seither weiß ich, ich werde alles überleben, und das war dabei die wichtigste Lehre. Ich mag Menschen gern und vielleicht bin ich ihnen gegenüber seither etwas offener. Ich nehme nichts mehr als gegeben hin.

Ich habe auch gelernt, meine Befürchtungen, blöd zu wirken, Misserfolg zu haben oder mich zu blamieren, zu beherrschen. Wenn man ständig Angst davor hat, ausgelacht zu werden oder in einem ungünstigen Licht zu erscheinen, ist man am Ende völlig gehemmt und schränkt sich selbst ein.

Die Dinge auflisten, vor denen Sie sich fürchten

Wir sind nun bei der Übung angelangt, die von Unruhe, Unsicherheit und Ängsten handeln soll. Der Einfachheit halber differenzieren wir an dieser Stelle nicht weiter, sondern nennen alles Ängste. Vermutlich haben Sie durch die Arbeit mit der Liste im Kapitel »Gereiztheit« bereits die eine oder andere Tatsache über sich entdeckt. Das kommt Ihnen in diesem Abschnitt zugute.

Zuerst will ich etwas klarstellen: Der Sinn ist NICHT, dass Sie jetzt tief in Ihre Ängste »eindringen« und »nachfühlen«. Sondern: Sie sollen ganz simpel und undramatisch Ihre Ängste auflisten. Wenn sie so vor uns stehen, wird es möglich, sie sachlich und nüchtern anzuschauen. Dann können wir diejenigen Ängste beiseiteräumen, die keine Funktion haben und die uns schlimmstenfalls daran hindern, ein erfülltes Leben zu führen.

Beginnen Sie die Übung, indem Sie zehn Personen aufschreiben, bei denen Sie sich unsicher fühlen oder vor denen Sie ganz einfach Angst haben. Wenn Ihnen das schwerfällt, nehmen Sie sich die Liste zur Gereiztheit vor und sehen Sie dort nach, ob eine der dort notierten Personen Sie vielleicht nicht nur aufregt, sondern ob Sie sich vor ihr sogar fürchten.

Es muss gar nicht sein, dass Sie Angst haben, weil die betreffende Person Ihnen übelwill. Wir können uns aus vielen Gründen vor Menschen ängstigen. Die Namen schreiben Sie in die linke Spalte, genau wie bei der vorherigen Liste. Wenn Sie alle Namen notiert haben, fahren Sie in derselben Spalte fort und schreiben zehn Dinge auf, vor denen Sie Angst haben, zum Beispiel Angst vor Misserfolg, Angst, nicht gemocht zu werden, Angst, beruflich die falsche Wahl zu treffen, Angst vor Dunkelheit, Angst, dass Ihren Kindern etwas zustoßen könnte, und so weiter.

Wenn Sie ganz ehrlich zu sich selbst sind, gibt es bestimmt irgendwelche Ängste, die sich dann und wann bemerkbar machen. Auch wenn Sie sich gegenwärtig nicht sonderlich ängstlich fühlen, sollten Sie die Ängste aufschreiben, die manchmal Ihre Gedanken kreuzen und die Ihnen vielleicht bisweilen ein bisschen Bauchweh bereiten. Wie gesagt, wir tun das nicht, um in unseren Ängsten zu wühlen, und wir wollen keinesfalls alte Gespenster wieder zum Leben erwecken. Wir tun es, um uns von dem zu befreien, was unserer Entwicklung im Wege steht. Da sind einzig und allein Mut und Ehrlichkeit gefordert.

Wenn Sie die Personen und Vorstellungen oder Situationen aufgelistet haben, die Ihnen Ängste verursachen, ist es wieder

Zeit für Spalte zwei. Wir benutzen ein ähnliches Muster wie das, das wir an dieser Stelle für unsere Gereiztheiten hatten. Tragen Sie entsprechend »Ursache« bei Spalte zwei ein.

Ob Sie nun Angst vor Spinnen haben oder Angst, verlassen zu werden, alle Ängste lassen sich von drei verschiedenen Faktoren herleiten:

- Etwas zu verlieren, das ich habe.
- Etwas nicht zu bekommen, das ich haben will.
- Entlarvt zu werden.

Versuchen Sie, Ihre Ängste so zu umschreiben, dass sie sich einem der drei Faktoren zuordnen lassen. Es gibt dabei mehrere richtige Zuordnungen. Hier geht es vor allem darum, dass wir die Furcht zu fassen bekommen und erkennen, dass meist unsere *Ansprüche* dazu führen, dass wir ängstlich sind.

Trotz der vielen Vorträge, die ich regelmäßig halte, kommt es zum Beispiel vor, dass ich kurz vorher Angst bekomme und unruhig werde. Man kann sich selbstverständlich fragen, woher das kommt, denn ich habe weder Angst, vor Publikum zu sprechen, noch den Faden zu verlieren – tatsächlich bin ich fast besser, wenn etwas Unvorhergesehenes eintrifft. Ich habe also keine Angst, mich zu blamieren. Trotzdem befällt mich diese Unruhe.

Wenn ich versuchen soll, meine Angst anhand von einer der drei oben genannten Ursachen zu umschreiben, kommt Folgendes heraus:

»Es reicht nicht, dass mein Auftritt gut wird, sondern ich will beeindrucken!« Das bedeutet doch, dass ich *etwas haben will*, oder? Dann habe ich also Angst, nicht das zu bekommen, was ich haben will.

Wenn ich Angst vor Spinnen habe und das in Spalte zwei umschreiben will, könnte da zum Beispiel stehen: »Ich will mich sicher fühlen und deshalb unbedingt die Kontrolle haben.« Wenn ich ganz ehrlich bin, es ist ja nicht eigentlich die Spinne, vor der ich Angst habe, sondern mich erschreckt doch vielmehr, dass ich den Terminkalender der Spinne nicht kenne; ich weiß ja nicht, was sie zu tun beabsichtigt, und deshalb fühle ich mich unsicher.

Wenn ich geschrieben hätte, dass ich Angst vor Misserfolg habe, hätte ich es auch mit »Mir soll immer alles gelingen« umschreiben können.

Im Hinblick auf die Menschen auf unserer Liste drehen sich unsere Ängste oft um den Wunsch, gemocht zu werden. Wenn wir einem Menschen gegenüber Unsicherheit oder Unbehagen empfinden, sollten wir uns ehrlich die Frage stellen, ob es vielleicht so ist, dass wir Angst haben, entlarvt zu werden? Vielleicht haben wir einmal gelogen oder waren untreu oder etwas Ähnliches.

Als ich diese Übung zum ersten Mal machte, schrieb ich unter »Gereiztheit« den Namen eines Mannes auf, der meine Mutter angerufen und gedroht hatte, er würde ihr Haus in die Luft sprengen. Ich war natürlich sehr wütend auf ihn. Als dann meine Liste mit Menschen, vor denen ich mich fürchtete, an der Reihe war, stand er auf dieser ebenfalls. Und als ich mich fragte, warum, dachte ich natürlich zuerst, ich hätte Angst wegen seiner Drohung, meine Mutter zu schädigen, die ich so überaus gern habe. Aber dann fiel es mir plötzlich wieder ein: Ich hatte ihm mal eine Menge Geld abgeluchst! Ich hatte das so gründlich verdrängt, dass es sozusagen »niemals passiert« war, und so dauerte es lange, bis ich zur Wahrheit vorgedrungen war.

Ich weiß, dass manche meiner Beispiele etwas extrem sind. Aber nach meiner Erfahrung haben wir bisweilen Dinge gesagt und getan, zu denen wir eigentlich nicht stehen können und die wir deshalb »vergessen«. Manchmal stelle ich den Personen, die ich coache, die Aufgabe, fünf Sachen aufzuschreiben, »die eigentlich nicht passiert sind«. Es ist schon komisch – sie wissen immer alle genau, was ich meine! Das ist etwas, das wir tun, um uns von Schuld und Scham zu befreien. Denn auch, wenn wir Dinge, die wir gesagt oder getan haben, so effektiv verdrängen, dass wir selbst nicht einmal mehr glauben, es sei passiert, so wohnt die Wahrheit immer noch in uns. Deshalb liegen diese zum Schweigen gebrachten Wahrheiten sozusagen unter dem

Deckel und zischen. Wir verspüren eine diffuse Angst, ertappt und vielleicht bestraft zu werden. Und dieses vage Gefühl von Schuld und Scham führt dazu, dass wir gehemmt sind und unser Leben nicht in vollem Maße genießen können.

Mit der dritten Frage sollen Sie beantworten, was an Ihnen bedroht ist. Hier gehen Sie genauso vor wie bei der Übung zur Gereiztheit. Es mag schon sein, dass manchem sich zu fürchten oder Angst zu haben wie eine Niederlage vorkommt. Dabei ist es doch im Grunde absolut mutig, das zuzugeben. Mut bedeutet doch nicht, dass wir furchtlos sind. Mut bedeutet, dass wir uns trauen, das zu tun, wovor wir uns fürchten.

Danach ist es an der Zeit, ganz ehrlich nach Ihrem eigenen Anteil an der Angst Ausschau zu halten. Diese Aufgabe gehört unter die Überschrift »Mein Anteil«. Sie machen hier genau dasselbe, wie Sie es bei der Übung zur Gereiztheit gemacht haben. Ich habe voller Ängste gesteckt, die mit der Befürchtung verknüpft waren, nicht gut genug zu sein, Misserfolge zu haben, einen blöden Eindruck zu machen, dick zu werden, allein zu bleiben, die falsche Wahl zu treffen. Ich hatte sogar Angst, nüchtern zu tanzen! Zwei Jahre habe ich gebraucht, ehe ich es gewagt habe. Ich hatte deshalb Angst davor, nüchtern zu tanzen, weil ich glaubte, ich sähe plump und blöd aus. Aber wenn ich betrunken war oder Drogen genommen hatte, fand ich, ich würde göttlich tanzen.

Im Großen und Ganzen ließen sich alle meine Ängste aus meinem geringen Selbstwertgefühl ableiten. Und aus der Selbstbezogenheit. Ich glaubte doch wirklich allen Ernstes, dass alle wahnsinnig gespannt sein würden, wie ausgerechnet ich tanzte.

Während meines ganzen ersten Jahres ohne Alkohol und ohne Drogen machte es mir extrem viel aus, dass ich so viel zugenommen hatte. Um meine neuen »Röllchen« zu verbergen, zog ich Pullis in Zeltgröße an, und obendrein steckte ich meine Hände und Arme in den Pulli, weil man nicht sehen sollte, wie dick ich geworden war. Vermutlich wäre niemandem mein Bauch aufgefallen, wenn ich nicht die Arme unter den Pulli gestopft hätte, aber so hatte das die gegenteilige Wirkung. Ich dachte auch immerzu, dass ich auf keinen Fall schwitzen dürfte. Aber wenn man die ganze Zeit dasitzt und denkt: Ich darf nicht schwitzen, ich darf nicht schwitzen – dann bekommt das Gehirn nur das Wort »schwitzen« mit und die Folge ist, dass man wie verrückt schwitzt.

Ich hatte ziemlich viel an mir und meinen Ängsten gearbeitet, als ich schließlich begriff, dass sich eigentlich nur sehr wenige Menschen wirklich um mich kümmern. Damit meine ich nicht, dass ich bedeutungslos bin. Aber ich begriff, dass alle anderen genauso mit sich beschäftigt sind, wie ich es mit mir bin. Deshalb bemerkt kaum jemand, was ausgerechnet ich anhabe. Früher konnte ich mich wahnsinnig ärgern, wenn ich demselben Menschen wieder begegnete und ich zwei Mal hintereinander dasselbe anhatte oder wenn ich unter den Armen verschwitzt war. Zu wissen, dass die meisten, denen ich begegne, so mit sich selbst beschäftigt sind, dass sie mich kaum wahrnehmen, empfinde ich heute wie eine Befreiung.

Die meisten Ängste sind also selbstbezogen, und diese können wir wegtrainieren. Sobald ich mich heute unsicher fühle oder Angst bekomme, mache ich eine schnelle Kontrolle. Was an mir ist bedroht? In welcher Weise trage ich selbst dazu bei? Lasse ich zu, dass mein falscher Stolz meine Gedanken beherrscht? Bin ich neidisch oder missgünstig? Denke ich herabsetzend über einen Menschen? Bin ich gierig und will einen bestimmten Menschen für mich allein haben? Bin ich eifersüchtig? Habe ich Angst, ausrangiert zu werden, weil ich mich ein bisschen danebenbenommen habe, das heißt, bin ich perfektionistisch? Wenn ich bis zu dem Punkt gekommen bin, zu merken, welches meiner vermeintlichen Defizite ich aktiviert habe, kann ich feststellen, dass es mir ohne diese Überlegungen viel besser geht. Und dann verschwindet in der Regel auch meine Unsicherheit schnell.

Es ist wichtig, neue selbstbezogene Ängste, die bei uns einziehen wollen, schnell wegzuräumen, damit sie sich gar nicht erst zu Hause fühlen. Oft hilft es, sich an den verständigeren Teil in uns selbst zu wenden, an unseren gesunden Menschenverstand.

Man kann tatsächlich die Vernunft anrufen, indem man einfach laut oder in Gedanken einen kleinen Appell formuliert. Er beginnt mit den Worten: »Die nebensächliche Angst, die ich vor … empfinde.« Oder: »Befrei mich von meinem Neid« (oder was es nun gerade ist). Danach kann man hinzufügen: »Zeige mir mein wahres Ich und verleih mir Mut und Kraft, entsprechend zu leben.«

Das funktioniert erstaunlich gut. Wenn ich diesen kleinen Spruch aufsage, traue ich mich, das zu tun, wovor ich Angst habe. Wenn ich mir Sorgen mache, etwas Schlimmes könnte passieren, oder Angst habe, dass jemandem, der mir nahesteht, etwas zustoßen könnte, spreche ich dieselbe Bitte.

In permanenter Bereitschaft wegen eines möglichen Katastrophenalarms zu leben, ist unglaublich erschöpfend. Und würde uns je eine Katastrophe zustoßen, wäre die ganze Unruhe im Vorhinein trotzdem zu überhaupt nichts nutze. Einzig und allein den Selbsterhaltungstrieb brauchen wir wirklich. Und der kann leider durch unnötige und selbstsüchtige Ängste blockiert werden. Deshalb ist es überlebenswichtig, all die unbrauchbaren Sorgen loszuwerden, die sich so leicht in unserem Leben breitmachen und verhindern, dass wir uns über das Schöne im Leben freuen.

Glaube und Zuversicht

Wenn wir unsere Unsicherheit und unsere Ängste ein wenig unter Kontrolle bekommen haben, sollten wir meiner Meinung nach auch nicht länger darauf herumkauen, wie ängstlich wir sind, was in unserer Kindheit alles schiefgegangen ist und so weiter. Es ist viel einfacher, glaube ich, und trägt mehr zur Entfaltung unseres Selbst bei, wenn wir Glauben und Zuversicht üben, also das Gegenteil zu unseren Ängsten.

Lassen Sie uns annehmen, ich habe Angst, Vorträge zu halten, und nun sei mir der Grund dafür bewusst geworden: Ich fürchte mich, vor Publikum zu sprechen, weil sich jemand einmal beschwert hatte, ich hätte das nicht gut gemacht. Daraufhin hätte ich große Angst vor erneutem Misserfolg entwickelt. Was ich nun brauche, sind Glaube und Zuversicht, dass mir die Vorträge in Zukunft wieder gelingen. Wichtig ist, dass ich mir sage: »Vielleicht schaffst du es beim ersten Mal nicht perfekt, aber du bist mutig, indem du dich traust und es versuchst. Und der Vortrag wird auf jeden Fall mehr als gut genug gelingen.« Mit anderen Worten: Einzusehen, wie Ängste, Unruhe und Unsicherheit funktionieren, reicht fürs Erste. Dann ist es an der Zeit, Glaube und Zuversicht zu trainieren. Und damit wird alles sofort viel einfacher.

Eine gute Möglichkeit, Ängste zu überwinden, ist im Übrigen tatsächlich, einen richtigen Misserfolg zu kassieren. Zwei Mal habe ich durch und durch schlechte Vorträge gehalten. Aber auch diese Peinlichkeit des totalen Misslingens habe ich überlebt – und deshalb habe ich keine Angst, dass es wieder passieren könnte. Spaß macht es wirklich nicht, aber ich weiß, dass ich es überlebe. Ganz genauso geht es mir mit der Liebe. Ich bin in den letzten Jahren zwei Mal sitzengelassen worden, und trotzdem habe ich keine Angst, dass es wieder passieren wird. Natürlich sehne ich mich nicht danach und klar brauchte es immer viel Zeit, viel Arbeit (und jede Menge Eis!), um mich davon zu erholen. Aber ich habe die Gewissheit, dass ich es schaffe. Und ich habe gelernt, dass es nicht mein Fehler war.

Ich habe ein paar Freundinnen, die ich »benutze«, wenn ich in Unruhe und Ängsten feststecke. Dann rufe ich sie an und sage ihnen: »Sag mir, dass es gut gehen wird!« Sie haben gelernt, dass sie mir in diesen Situationen Sicherheit und Geborgenheit vermitteln. Selbstverständlich tue ich dasselbe auch für sie.

Übung

Nachdem Sie sich bewusst gemacht haben, was und wer Sie ärgert und wovon Ihre Ängste handeln, können Sie das Folgende aufschreiben:

Wenn ich mich ärgere, geht es dabei meistens um:

_____

_____

_____

_____

Wenn ich Angst bekomme oder mir Sorgen mache, geht es dabei meist um:

_____

_____

_____

Ich bin gut, weil ich:

_____

_____

_____

_____

_____

Eine meiner Stärken, von der wenige wissen, ist:

_____

_____

_____

_____

Um mein gutes Selbstwertgefühl zu stärken und zu behalten, brauche ich:

_____

_____

_____

_____

Eigene Gedanken:

_____

_____

_____

_____

Mit einem Trauma umgehen

Meine Freundin Erica bekam vor etwa zwei Jahren den Befund, sie habe Brustkrebs. Ihr während dieser Reise durch Krankheit und Genesung beizustehen, hat ungemein viel in mir bewegt. Dadurch habe ich zum ersten Mal aus nächster Nähe erlebt, was eine Krebserkrankung wirklich ist. Bis dahin war Krebs für mich etwas Diffuses, etwas, das die anderen betraf.

Als mir Erica erzählte, die Ärzte hätten einen bösartigen Tumor bei ihr diagnostiziert und sie habe sofort einen Termin für die Brustamputation bekommen, wusste ich zuerst nicht, wie ich reagieren sollte. Wir hatten uns mittags in einem Restaurant zum Essen verabredet, und ich weiß noch, wie ich dasaß und dachte: Lieber Gott, vielleicht stirbt sie daran!

Dann sprachen wir über die Art der Behandlung, die anschließend erfolgen sollte, ob Chemotherapie und Bestrahlung, das hatten die Ärzte empfohlen, oder Naturmedizin oder eine anthroposophische Behandlungsform. Erica ist eine sehr gut aussehende Frau, sie hatte langes, lockiges Haar, das viele bewunderten. Ich fragte sie, ob sie Angst hätte, ihre Haare zu verlieren, als sie über die Behandlungsformen sprach. Ich ging von mir selbst aus und versuchte mir vorzustellen, wie es wäre, eine Brust zu verlieren und eine Glatze zu bekommen. Dann wurde mir bewusst, wie oberflächlich ich die Sache anging – Erica hatte eine lebensbedrohliche Krankheit, wir wussten nicht einmal, ob sie überleben würde, und ich dachte ans Aussehen.

Während der Chemotherapie war Erica völlig darauf fixiert, von den Ärzten zu erfahren, ob sie überleben würde oder nicht. Sie hatte ihren Arzt mehr oder weniger gezwungen, auf die Frage zu antworten, ob sie sterben müsse und wann. Sie wurde schließlich ein bisschen gelassener und sah ein, dass niemand weiß, wann genau jemand sterben wird, auch die Ärzte nicht. Und sie beschloss, sich stattdessen darauf zu konzentrieren, ihre Erkrankung zu überleben. Von da an war sie voller Glauben und Zuversicht. Sie änderte ihre Einstellung vollständig. Vielleicht spielt es keine so große Rolle, dachte sie, wann und woran wir sterben müssen, da die Gegenwart doch das Einzige ist, was wir sicher haben. Deshalb müssen wir uns auch gewissenhaft der Gegenwart zuwenden. Erica lernte also in der Ruhe, die im Auge des Orkans herrscht, das Leben zu schätzen und eine Freude zu empfinden, die sie vorher in dieser Form nicht gekannt hatte.

Erica war gezwungen, viele verschiedene Entscheidungen zu treffen. Sie beschloss, sowohl die Chemotherapie wie die Strahlenbehandlung zu machen. Mit der Brustprothese fühlte sie sich nie wohl, so dass sie den Arzt bat, sie wieder zu entfernen. Ihre Erkrankung gehört zu ihrem Leben – warum deren Folgen verstecken? Heute ist sie von der Krebserkrankung genesen, das hat sie beschlossen. Auch die Haare sind wieder gewachsen und schöner denn je. Sie ist fröhlich, zufrieden und aufgeschlossen – mehr als früher. Erica ist eine moderne Heldin und für mich eines meiner größten Vorbilder.

Man kann also manchmal etwas sehr Schwieriges in etwas Positives umwandeln. Das soll bestimmt nicht heißen, dass Schwierigkeiten wünschenswert sind, auch nicht, dass das gewissermaßen ihr Sinn sei. Manche Menschen glauben, es gäbe einen besonderen Grund, warum uns Unglück, Krankheiten, Niederlagen zustoßen. Das glaube ich nicht. Das Schicksal schlägt blindlings zu. Aber es geht darum, sich das Spiel nicht aus der Hand nehmen zu lassen. Das soll heißen: Auch wenn uns ein richtiger Tiefschlag trifft, müssen wir es wagen, zuversichtlich zu glauben, dass am Ende alles gut wird. Man kann versuchen, es so zu sehen: Wenn irgendwo eine Tür zufällt, öffnet sich immer eine andere.

Schuld und Scham

Wenig hemmt unsere Entwicklung so sehr wie Gefühle von Schuld und Scham. Das Empfinden von Scham kann noch schlimmer sein als das von Schuld. Wenn uns Schamgefühle zu lange erfüllen, breiten sie sich aus und durchdringen völlig unser Selbstbild. Scham entsteht oft, weil wir uns nicht wertvoll finden, weil wir finden, wir seien es nicht wert, geliebt zu werden. Scham hat damit zu tun, wie wir uns selbst betrachten. Schuld hat mit Dingen zu tun, die wir getan haben oder von denen wir meinen, dass wir sie hätten tun müssen.

Ein Weg, uns von der Scham zu befreien, ist, unser Bestes zu tun, um das zurechtzurücken, worin wir uns schuldig glauben. Schulden lassen sich abbezahlen. Wenn der Gerichtsvollzieher vor der Tür steht, können Sie sich schämen, dass es so weit kommen musste, weil Sie so mit Ihren Finanzen geschlampt haben.

Aber an dem Tag, an dem Sie anfangen, die Schulden abzutragen, sollte die Scham verschwinden. Wenn Sie einem Menschen Schaden zugefügt haben, ist es natürlich nicht ganz so einfach, aber das Prinzip ist dasselbe. Handele ich gegen meine eigenen Normen, das heißt gegen mein Gewissen, weckt das meist Unzufriedenheit und Unbehagen. Um wieder ein gutes Gewissen zu bekommen, muss ich das reparieren, was dem Gewissen zuwiderhandelte.

Viele von uns wollen einfach nur vergessen, wofür wir uns schuldig fühlen. Aber Selbstwertgefühl auf einem Grund aufzubauen, der vor Schuld wackelt, ist sehr schwer. Ich will an dieser Stelle besonders betonen, wie wichtig es ist, Gewesenes zu akzeptieren, sich selbst zu vergeben und weiterzugehen.

Leider gibt es gar nicht wenige Menschen, die Schuld auf sich nehmen, die nicht ihre ist. Ich glaube, viel von dem Stress und dem Gefühl des Ausgebranntseins hat seinen Ursprung in einem Übermaß an Schuld, die eigentlich gar nicht unsere ist, und Scham über unsere mangelhafte Fähigkeit, dem abzuhelfen. Eine zu große Schuld zu empfinden ist unangemessen.

Kürzlich erzählte mir eine Frau, dass ihr Stiefbruder in betrunkenem Zustand versucht hatte, sie zum Sex zu zwingen. Das lag schon eine Weile zurück, und sie konnte entkommen. Aber sie hatte mit niemandem darüber gesprochen, weil sie sich schämte und abscheulich fühlte. Er hatte versucht, sich an ihr zu vergehen. Sie konnte zwar schließlich entkommen, aber sie schämte sich! Das ist so völlig verrückt, aber es kommt leider sehr häufig vor.

Wiedergutmachen und Zurechtrücken

Lassen Sie uns sagen, ich hätte einer Frau die Handtasche gestohlen, um an Geld für Drogen zu kommen. Als ich ein paar Jahre später clean bin, also frei von den Drogen, beschließe ich, nach der Frau zu suchen, sie um Entschuldigung zu bitten und ihr das Geld zurückzugeben, das ich ihr gestohlen habe. Als ich sie um Verzeihung bitte, sagt sie mir, sie könne und wolle mir nicht verzeihen. Sie nimmt mein Geld, macht gleichzeitig aber sehr deutlich, dass das, was ich ihr damals angetan habe, unentschuldbar sei. Meine Frage lautet: Trage ich meine Schuld mit mir, bis mir vergeben wird, oder kann ich, nachdem meine Schulden bezahlt sind, von der Schuld frei werden, indem ich mir selbst verzeihe, was ich getan habe?

Es gibt in diesem hypothetischen Beispiel mehrere Möglichkeiten, sich zu verhalten. Aber ich habe mich entschieden: Ich sehe es so, dass ich, nachdem ich die Schulden beglichen und mir selbst vergeben habe, frei von Schuld bin. Wenn mir dann außerdem noch vergeben wird, nehme ich es gern zusätzlich an, aber ich rechne auf gar keinen Fall damit. Ich behaupte nicht, dass ich recht habe. Aber ich habe mich entschieden, nach dieser Wahrheit zu leben, und mit ihr als Ausgangspunkt ist es auch einfacher, Geschehenes einzurenken und wieder gutzumachen. Dann hat man so viel getan, wie einem möglich war, und sollte sich schließlich selbst vergeben. Um das Schuldgefühl loszuwerden, ist es wichtig, alles zu tun, um das Geschehene ins Reine zu bringen, um Vergebung zu bitten, wenn die Möglichkeit besteht, und schließlich sich selbst zu vergeben.

Aber was macht man, wenn sich der Schaden, den man einem anderen zugefügt hat, nicht mehr einrenken lässt? Diese Frage zu beantworten ist schwer. Aber ich will von der Begegnung mit einer Frau berichten, die ich bewundere und die mich sehr berührt hat. Wir können sie Sirpa nennen.

Sirpa ist eine Frau, die aus verschiedenen Gründen jahrelang schwer drogenabhängig war. Ihr Leben war tough, wie das der meisten Drogenabhängigen, Gewalt und Erniedrigungen aller Arten gehörten regelmäßig dazu. Aber als Sirpa schwanger wurde, versuchte sie, nüchtern und drogenfrei zu bleiben. Sie bekam ein kleines Mädchen. Als das Baby elf Monate alt war, kippte Sirpa doch wieder um und kehrte zu ihrem Missbrauch von Alkohol und Amphetaminen zurück. Eines Abends nahm sie im Rausch andere Abhängige mit in ihre Wohnung, die auch bleiben durften, als sie sich mit ihrer Tochter schlafen legte.

Als Sirpa am nächsten Morgen aufwachte, wunderte sie sich, dass ihre Tochter noch nicht wach war. Als sie das Mädchen genauer anschaute, sah sie, dass es völlig leblos war. Sie war geschockt.

Ich kann mir nicht vorstellen, wie es ist, aufzuwachen und festzustellen, dass mein Kind tot ist. Ein so tragisches Geschehen verwindet man nie, auch wenn man lernt, damit zu leben.

Nach einiger Zeit wurde Sirpa von der Polizei zum Verhör vorgeladen. Sie erinnert sich nicht an viel aus dieser Zeit, denn sie hatte starke Medikamente verordnet bekommen und stand noch lange unter Schock.

Bei der Obduktion hatte sich herausgestellt, dass ihre kleine Tochter an einer Überdosis Heroin gestorben war. Vermutlich hatte einer von denen, die Sirpa in ihre Wohnung gelassen hatte, Stoff auf den Boden fallen lassen, wo das kleine Mädchen herumkrabbelte. Und da sie in dem Alter war, in dem Kinder alles, was sie sehen, in den Mund stecken, hatte sie so die Drogen aufgenommen. (Es braucht äußerst wenig Heroin, um ein elf Monate altes Kind umzubringen.)

Dieses Ereignis war für Sirpa so überwältigend schrecklich, dass sie es komplett verdrängte. Sie versank immer tiefer in ihren Missbrauch und gestattete sich nicht, daran zu denken, dass sie einmal eine kleine Tochter gehabt hatte.

Fünfzehn Jahre später wurde sie zu vielen Jahren Gefängnis verurteilt. Dort erhielt sie die Möglichkeit, an einer Behandlung zum Entzug teilzunehmen. In den Jahren vor ihrer Verurteilung hatte Sirpa inzwischen noch zwei weitere Kinder bekommen, die in der Zeit, in der sie ihre Strafe absaß, versorgt wurden. Ich begegnete ihr zum ersten Mal in einer Behandlungsabteilung des Gefängnisses Hinseberg. Sirpa schaffte den Entzug, und als sie herauskam, nahmen wir den Kontakt wieder auf. Es berührte mich sehr, als sie zum ersten Mal von ihrer verstorbenen Tochter erzählte. Wir waren mit dem Auto unterwegs zu einem Treffen, und ich musste an die Seite fahren und den Wagen anhalten. Mir lief es eiskalt über den Rücken, als sie mir die große Tragödie ihres Lebens anvertraute. Ihr Mut und ihre Ehrlichkeit berührten mich sehr, und ich empfand große Dankbarkeit, dass sie mir Vertrauen schenkte und diese Geschichte erzählte.

Als sie fertig war, sagte ich zu ihr: »Sirpa, wenn du dir selbst das, was geschehen ist, verzeihst, wenn du dich mit deiner Geschichte versöhnt hast, dann wird diese Erfahrung dir von größtem Nutzen sein. Du wirst so vielen Menschen helfen können, wieder Hoffnung zu schöpfen, zu erkennen, dass alles möglich ist, dass jede Veränderung möglich ist.«

Heute führt Sirpa ein besseres Leben, als sie es sich jemals vorgestellt hat. Regelmäßig besucht sie das Grab ihrer Tochter, und sie ist ganz für ihre beiden Jungen da. Sie hat eine Arbeit, die ihr gefällt, und sie hilft vielen Frauen den Weg zurück ins Leben zu finden, nachdem sie drogenabhängig waren und in sozialem Elend gelebt haben. Sie geht aufrecht durchs Leben und hat ihre Würde und ihre Selbstachtung wiedergefunden.

Das Beispiel von Sirpa zeigt, dass es möglich ist, eine schreckliche und fast unerträgliche Schuld wieder einzurenken. **Wenn man sich um sich selbst kümmert, kann man sich auch um andere kümmern.** Ihre Tochter konnte ihr nicht verzeihen, aber Sirpa konnte alles tun, um ihren beiden anderen Kindern eine gute Mutter zu sein. Und sie konnte andere Frauen, die ein ähnliches Trauma durchlebten, unterstützen und ihnen helfen. So konnte sie sich schließlich selbst vergeben.

Manchmal kommt es vor, dass man seine Kinder vernachlässigt, wenn auch auf eine weniger dramatische Weise. Man hört ihnen vielleicht nicht richtig zu, vielleicht gibt man dem Job ein bisschen zu oft den Vorrang oder vielleicht lässt man seine schlechte Laune am Kind aus. In diesen Fällen hilft es nichts, auf sich selbst herumzuhacken und sich dauernd mit Vorwürfen zu plagen, was für eine schreckliche Mutter man ist. Es ist auch nicht unbedingt sinnvoll, das Kind auf den Schoß zu nehmen, es zu umarmen und Entschuldigung zu sagen. Bei Menschen, mit denen wir zusammenleben, machen wir unsere Schuld am besten dadurch wieder gut, indem wir unser Verhalten ändern und versuchen, die Eltern oder Partner zu werden, die wir am liebsten sein möchten.

Es gibt eine gute Daumenregel: Immer und so schnell wie möglich um Entschuldigung bitten und Dinge wiedergutmachen, wenn wir einen Fehler begangen haben oder jemandem auf die Zehen getreten sind. Wer es nicht gewohnt ist, seine Irrtümer zuzugeben, wird etwas richtig Schönes erleben: Um Entschuldigung zu bitten ist viel schöner, als man glaubt, wenn man erst einmal die Schwelle überschritten hat (die häufig aus falschem Stolz besteht).

Ich kann das am Beispiel einer meiner hitzköpfigen Freundinnen belegen, bei der sich schnell Lachen, Tränen oder Wut abwechseln können. Sie war zum 40. Geburtstag ihrer besten Freundin eingeladen, und auf der Party wollte sie der Gastgeberin auch eine liebevolle Rede halten. Am Nachmittag fuhr sie noch schnell in die Stadt, um sich für den Abend etwas Schickes zum Anziehen zu kaufen. Sie war gestresst, es war schon spät, und es regnete. Aus einem Impuls heraus kaufte sie noch ein Paar Schuhe. Als sie dann aber an einem anderen Schuhgeschäft vorbeikam, entdeckte sie die perfekt passenden Schuhe. Deshalb ging sie zurück zum ersten Schuhgeschäft, um die Schuhe, die sie gerade gekauft hatte, zurückzugeben und das Geld zurückzubekommen. Der Geschäftsinhaber hatte seinen Angestellten jedoch die strenge Anweisung erteilt, keinen Rückkauf zu gestatten, worüber der Schuhverkäufer meine Freundin freundlich aufklärte. Sie könne die Schuhe gern für ein anderes Paar eintauschen, aber das Geld könne sie nicht zurückbekommen. Das empörte die Freundin so sehr, dass sie den Verkäufer nach allen Regeln der Kunst zusammenfaltete. Absichtlich beschimpfte sie ihn mit verletzenden und kränkenden Worten. Wütend radelte sie durch das Gewitter nach Hause, und auf dem ganzen Heimweg verfluchte sie diese unmögliche Ladenkette – bis sie sich richtig schlecht fühlte. Sie hielt das Rad an und überlegte eine Weile. Ihre Laune war am Boden, und in einigen Stunden sollte sie auf ein Fest gehen, und darauf sollte sie sich doch freuen! Aber in dem Moment hätte sie am liebsten alles sausen gelassen. Warum? Na, ihr Gewissen fing an sich zu melden. Dieser Mann im Laden hatte richtig geknickt gewirkt, als sie ihn so angeschrien hatte. Plötzlich bereute sie ihr Verhalten sehr. Was hatte er ihr denn getan? Er hatte doch nur die Anweisung seines Chefs befolgt. Da machte sie kehrt und radelte den ganzen Weg durch Wind und Regen zurück. Als sie in den Laden kam, wirkte der Mann, als wollte er sich ducken. Aber als sie gestand, dass sie wegen all der Sachen, die sie zu ihm gesagt hatte, ein wahnsinnig schlechtes Gewissen hätte und dass es wirklich nicht so gemeint war, und als sie sich mehrfach entschuldigte, da strahlte er und nahm ihre Hand. »Ich finde diese Regel ja auch idiotisch«, sagte er, »deshalb verstand ich doch Ihre Wut, aber ich muss ja tun, was mein Boss vorschreibt.« Sie trennten sich im besten Einvernehmen, und meine Freundin merkte nicht einmal, wie sehr es goss, als sie zum zweiten Mal heimwärts radelte, so erleichtert war sie, dass sie das Geschehene zurechtgerückt hatte. Muss ich noch sagen, dass der Abend super wurde?

Es ist mit anderen Worten unglaublich wohltuend für uns selbst und für andere, das peinliche Gefühl hinunterzuschlucken und um Entschuldigung zu bitten, wenn wir uns dumm benommen haben. Die Dummheiten, die wir begehen, schließen natürlich nicht aus, dass andere auch uns Unrecht getan haben, das will ich hier einschieben. Aber **wenn wir etwas zurechtrücken, konzentrieren wir uns auf unsere Worte und Handlungen.** Was andere getan haben, dafür können nur sie die Verantwortung übernehmen.

Meine eigenen Wiedergutmachungen durchzuführen dauerte lange. Ich hatte eine umfangreiche Liste von Menschen, denen ich auf verschiedene Weise Schaden zugefügt hatte, gefühlsmäßig und finanziell. Ich suchte sie alle nacheinander auf und ließ sie erzählen, wie sie die Täuschung und Rücksichtslosigkeit meinerseits erlebt hatten. In so gut wie allen Fällen wurde mir vergeben, und die damit einhergehende Erleichterung ist unbeschreiblich. Ich suchte auch diejenigen auf, die ich um Geld betrogen hatte, um meine Schulden abzuzahlen. Das hatte zur Folge, dass ich mehrere Jahre lang vom Existenzminimum leben musste, aber das war es wahrhaftig wert.

14 Geistigkeit

Geistigkeit bedeutet für mich, den eigenen Glauben suchen. Und glauben bedeutet nichts weiter, als dass wir etwas nicht wissen. Ich bezeichne mich nicht als religiös, aber ich tue mein Möglichstes, um nach meinen geistigen Prinzipien zu leben. Ich meditiere und bete täglich zu etwas, das in mir lebt. Diese Kraft betrachte ich als etwas Göttliches, etwas, das in allen Menschen lebendig ist.

Besonders befriedigend an meiner Arbeit ist, dass ich so viele verschiedene Menschen zu ihrem eigenen Glauben begleiten kann, egal, ob der Glaube ihnen selbst gilt oder einer geistigen Dimension. Von den Menschen, denen ich geholfen habe, redet einer mit Allah, ein zweiter mit Engeln, ein dritter mit Teddys Freund Tiger, ein Vierter mit dem Universum, ein Fünfter mit seinem Verstand und ein Sechster mit seinem inneren Kompass. Ein guter Freund nennt Geistigkeit immer »Erleuchtung«. Das ist ein gutes Wort; da ist etwas, das erleuchtet, das hell macht und uns die Dinge klar erkennen lässt. Ich bin davon überzeugt, dass es eigentlich keine Rolle spielt, woran man glaubt und wie man das nennt. Das Wichtige ist, dass man glaubt und dass man seinen Glauben und seine Zuversicht lebendig hält. Für mich persönlich geht es dabei vor allem darum, nach meinen eigenen Überzeugungen zu leben, von dem abzugeben, das mir gegeben wurde, ein gutes Vorbild zu sein und niemals zu vergessen, woher ich komme. Neulich sagte eine Freundin zu mir, ich sei ja so privilegiert, weil ich in meiner Arbeit »Gott« an mehreren Tagen in der Woche treffen dürfe. Und das tue ich tatsächlich. Bei den Aha-Erlebnissen anderer Menschen dabei sein und Anteil haben dürfen – das hat in gewisser Weise schon so etwas. Manche finden Gott in der Kirche, ich finde ihn bei den Begegnungen mit anderen Menschen.

Aus Angst, mich irgendwann einmal mit den Drogen umzubringen, begann ich zu einer geistigen Kraft zu beten – so einfach war das. Zwar glaubte ich nicht, dass es so etwas gibt, aber ich hoffte es. Und ich hielt durch, obwohl lange gar nichts passierte. Ich war total nervös, etwas falsch zu machen. Mich beunruhigte, ob ich wohl richtig »betete«. Muss ich die Hände falten? Funktioniert es nur, wenn ich beim Beten laut spreche? Darf ich fluchen? Darf ich solche Sachen wie eine Gucci-Tasche oder einen Porsche erbitten? Darf ich darum beten, Liebe zu finden? Kann ich um einen guten Job bitten?

Meiner Ansicht nach dürfen wir uns alles Mögliche wünschen und erbitten. Allerdings glaube ich, dass wir für die materiellen Sachen schon selbst sorgen müssen. Wir können um Geduld bitten und um den Willen zu kämpfen, sodass wir uns diese Sachen schließlich selbst beschaffen können.

Es gibt einen Unterschied zwischen damals und heute: Wenn ich heute bete, weil ich Angst habe, wage ich das zu tun, wovor ich Angst habe. Und in meinem Bauch, der früher oft unruhig war und so häufig wehtat, dort drinnen ist es jetzt ruhig, und ich habe beschlossen, das göttlich zu nennen. Ich weiß nicht, auf welche Weise mir geholfen wird, wenn ich zu meiner inneren Kraft bete. Aber ich bekomme Hilfe, und damit begnüge ich mich.

Für mich ist meditieren dasselbe wie zuhören, und beten ist wie reden – in beiden Fällen zur selben Kraft. Um einen meditativen Zustand zu erreichen, brauche ich nicht den Lotussitz. Es kann schon ausreichen, mit geschlossenen Augen still auf einem Stuhl zu sitzen oder einen Morgenspaziergang zu machen. Ich werde durch meine Meditation nachdenklich, was wiederum dazu führt, dass die Entscheidungen, die ich treffe, durchdachter sind. Durch das Meditieren lerne ich zu unterscheiden zwischen dem, was ich oberflächlich will, und dem, was eigentlich gut für mich ist. Manchmal will ich etwas so sehr, dass ich mich selbst beschummele, indem ich mir einbilde, das sei genau, was ich brauche. Aber schließlich sehe ich ein, dass das, was ich gerade so dringend wollte, auf lange Sicht gar nicht unbedingt etwas sein muss, was mir richtig guttut. Ich werde für den Rest meines Lebens beten und meditieren, denn damit verhindere ich, kurzsichtig übereilte und unüberlegte Entscheidungen zu treffen. Das ist – erwachsen sein. Das ist – für sich selbst zu sorgen.

Das unangenehmste Gefühl, das ich mir heute vorstellen kann, ist Hoffnungslosigkeit. Dieses Gefühl, »das hat ja alles keinen Zweck, der Schmerz wird nie vergehen, alles ist ausweglos« – solche Gedanken will ich nicht mehr zulassen. Für jedes Problem gibt es eine Lösung! Alles hat einen Sinn! Das will ich glauben, und deshalb habe ich beschlossen, zu glauben, dass es so ist. Genauso wie ich beschlossen habe, dass alle, die sterben, es gut haben werden, egal, was sie in ihrem Leben gemacht, egal, wie sie ihr Leben gelebt haben. Der Mann, den ich liebte, hatte sich dafür entschieden, sich umzubringen. Ich hätte nie geschafft, meine Trauer zu bewältigen, wenn ich nicht glauben würde, dass es so ist.

Ich bin auch fest davon überzeugt, dass ich nie von den Drogen weggekommen wäre, wenn ich mich nicht entschieden hätte, an eine Kraft zu glauben, die stärker ist als ich.

Die Leute sagen ja oft: »Nimm dich zusammen!« oder »Reiß dich am Riemen!« Ich habe nie irgendeinen Riemen gehabt, und deshalb musste ich mir einen beschaffen. Das habe ich getan, indem ich jeden Tag geübt habe, und nun habe ich eine Reißleine. Heute lebe ich mein Leben getragen von Zuversicht und Glauben statt von selbstbezogenen Ängsten. Mein Leben ist einfach, aber das heißt nicht, dass es immer leicht ist. Das Leben beutelt mich genauso stark und genauso oft wie alle anderen. Nur habe ich eine Weise gefunden, mich dem Leben zuzuwenden, die bewirkt, dass ich heute weder jemals die Hoffnung verliere noch mich bis zur Erschöpfung abrackere und verausgabe.

Heute glaube ich an mich und habe tief in mir die Gewissheit, dass es eine geistige Kraft gibt, die mir hilft, wenn ich darum bitte.

15 Ziel und Zielplanung

Man könnte sagen, wir haben in unserem Inneren aufgeräumt, wenn wir unseren Ärger, unsere Ängste und unsere Schuldgefühle untersucht und schließlich erkannt haben, wofür das alles steht. Vielleicht ist unsere Umgebung durch unser Zutun auch ein bisschen schöner geworden, weil wir Menschen Wiedergutmachung angeboten haben, denen wir viel zugemutet hatten. Dann wird es Zeit, nach vorn zu schauen und zu überlegen, wie wir unsere Zukunft gestalten wollen.

Ausgangspunkt

»In der Sehnsucht liegt Zukunft«, sagt ein altes schwedisches Sprichwort. Und so ist es. Erst wenn Sie wissen, was Sie wollen, können Sie aktiv daran arbeiten, diesen Wunsch zu verwirklichen. Man kann seine gegenwärtige Situation erst beeinflussen, wenn man angefangen hat, darüber nachzudenken, wie die eigene Zukunft aussehen soll. Dafür müssen Sie sich drei Dinge bewusst machen:

1. Die gegenwärtige Situation
2. Die erwünschte Situation
3. Den Weg dorthin

Die »gegenwärtige Situation« ist nichts anderes als den Status quo zu bestimmen. Sie machen sich Ihre tatsächliche Lage bewusst. Wenn Sie damit nicht oder nur teilweise zufrieden sind, erträumen Sie sich eine andere, bessere Situation. Diesen Traum nennen wir »erwünschte Situation«. Die gewünschte Situation ist das angestrebte Ziel – so hätten Sie es gern. »Der Weg dorthin« ist die Methode oder Strategie, also was Sie tun oder erreichen müssen, um von der »gegenwärtigen Situation« zur »erwünschten Situation« zu gelangen. Ganz einfach, oder?

Was ist ein Ziel?

Ein Ziel ist das konkrete Bild Ihrer gewünschten Situation, das Ergebnis, das, was Sie erreichen wollen. Aber ein Ziel ist NICHT das, was Sie tun, um den Zustand zu erreichen. Ein Ziel muss deshalb ein wünschenswerter, bereits erreichter Zustand sein, es darf keine Aktivität beschreiben. Wenn also ein aufbrausender Mensch heiterer und sanfter werden will, ist »versuchen, weniger gereizt zu sein«, kein Ziel. Zu versuchen und zu trainieren, die Schwelle der Reizbarkeit zu vermindern, gehört eher zu den Maßnahmen, zu den Dingen, die man tun muss, um ein heiterer Mensch zu werden. Das Ziel dagegen muss der erwünschte erreichte Zustand sein, zum Beispiel: »tiefe Freude zu verspüren« oder »Geduld zu haben, ohne Wut und Groll zu verspüren«.

Dasselbe gilt zum Beispiel für jemanden, dessen Lebensziel es ist, ein besserer Mensch zu werden. Als Ziel darf in diesem Fall nicht formuliert werden, »anderen Gutes tun wollen«, sondern zuerst muss definiert werden, was »ein besserer Mensch« überhaupt sein soll. Dann muss man überlegen, welche Methode sich eignet, um zu diesem Ziel zu gelangen. »Für andere Gutes tun« kann zwar eine Möglichkeit auf dem Weg sein, um ein besserer Mensch zu werden, das ist aber kein Ziel in sich.

Ein Ziel aufstellen und Kontrolle, Sicherheit, Motivation und Richtung gewinnen

Wenn Sie beschließen, etwas erreichen zu wollen, wenn Sie entscheiden, wie etwas werden soll, übernehmen Sie selbst die Kontrolle über Ihr Leben. Damit gibt Ihnen das Ziel eine Kontrolle über das, was Sie tun und warum Sie es tun. Durch das Ziel verringern Sie Ihre Angst vor der Zukunft und auch vor kommenden Veränderungen, denn Sie selbst haben das Ziel ausgesucht, Sie selbst wollen, dass es geschieht.

Da das Ziel etwas ist, das Sie erreichen wollen und worauf Sie sich freuen, schenkt es Ihnen auch Energie und Motivation. Der Gedanke an Ihr Ziel wird Ihnen diesen kleinen extra Anstoß geben, mit dessen Hilfe Sie schaffen, das zu tun, was Sie tun müssen, um das Ziel zu erreichen.

Und nicht zuletzt gibt Ihnen das Ziel eine Richtung vor. Selbst wenn Sie nicht bis ganz ins Ziel kommen sollten, so trägt es doch dazu bei, dass Sie sich der erwünschten Situation annähern. Die Arbeit auf das Ziel hin bringt auf jeden Fall Verbesserungen und Erfolge mit sich, und die sind oftmals genauso wichtig wie das ursprüngliche Ziel. So trägt das eigentliche Ziel zu vielen Schritten in die richtige Richtung bei, auch wenn Sie es am Ende nicht komplett erreichen.

Verschiedene Typen von Zielen

Ziele können Sie sich in unterschiedlichen Lebensbereichen setzen. Solche Zielbereiche lassen sich in folgende Kategorien einteilen:

Geistige Ziele: Ziele, bei denen es darum geht, dass Sie glücklicher sind und Sie die Person werden, die Sie sein wollen. Sie berühren Ihre eigene Entwicklung.

Professionelle Ziele: Ziele, die Sie in Ihrer Arbeit und in Ihrer Karriere erreichen wollen.

Ökonomische Ziele: Ziele, die mit materiellen Dingen zu tun haben.

Idealistische Ziele: Ideale und Werte, die Sie verwirklichen wollen, um Ihren Beitrag zu einer besseren Welt zu leisten.

Soziale Ziele: Ziele, die sich auf Ihre Familie, Ihre Freunde und Partner beziehen.

Freizeit- und Hobbyziele: Ziele, die Ihre Freizeit und das, was Sie dort erreichen wollen, berühren.

Was ist nötig, um ein gestecktes Ziel zu erreichen?

Viele Menschen erleben, dass sie ihre Ziele nicht verwirklichen können. Das kann dazu führen, dass sie den Mut verlieren und den Eindruck bekommen, es lohne nicht, sich Ziele zu setzen, »weil es so schrecklich schwer ist, die Ziele zu erreichen«. Meist besteht das Problem darin, dass diese Menschen beim Formulieren des Ziels nicht bedacht haben, was verlangt wird, um zum Ziel zu gelangen.

Um ein Ziel zu erreichen, muss Folgendes gegeben sein:

- Das Ziel muss eindeutig formuliert sein: Sie müssen ganz genau wissen, was Sie erreichen wollen.
- Ehrgeiz: Sie wollen das Ziel auch wirklich erreichen.
- Selbstdisziplin und Ausdauer: Sie schaffen das, was verlangt wird, um das Ziel zu erreichen.
- Ein schriftlich festgehaltenes Programm: Sie haben einen praktischen Handlungsplan, wie das Ziel erreicht werden soll.
- Routine in der Arbeit, mit der Sie das Ziel versuchen zu erreichen: Alles, was Sie tun, um Ihr Ziel zu erreichen, wird in Ihre alltäglichen Routinen »eingebaut«.
- Kontinuierliches Weiterarbeiten: Sie arbeiten immer weiter und ändern und verbessern dabei vielleicht Ihre Vorgehensweise.
- Hilfe von anderen: Sie bemühen sich um Menschen in Ihrer Nähe, die Sie unterstützen und anfeuern und auf dem Weg begleiten.

Wie formuliert man ein Ziel?

Ziele gut zu formulieren ist schwer. Eine Möglichkeit: die Formel SMART anwenden!

Spezifisch: Das Ziel soll so konkret und so eindeutig wie möglich sein.

Messbar: Die Erfüllung der Zielvorgabe soll kontrollierbar sein, man muss sehen können, dass man das Ziel erreicht hat.

Angelegentlich: Das Ziel muss etwas sein, das man auch tatsächlich erreichen will.

Realistisch: Das Ziel soll wirklich erreichbar sein.

Timing: Um den Weg bis hin zum Ziel zu kontrollieren, muss eine Deadline festgelegt werden; ein Datum oder Zeitpunkt, wann das Ziel erreicht sein muss.

Schritt für Schritt ein Ziel aufstellen

 Hier folgt nun ein System, wie man in acht Schritten sein Ziel findet, es plant und es erreicht:

1. Suchen Sie sich ein Ziel aus (professionell, sozial ...) und vergleichen Sie Ihre heutige Situation mit der, die Sie erreichen möchten (gegenwärtige Situation und erwünschte Situation).

2. Stellen Sie genau fest, was Sie erreichen wollen, und formulieren Sie das als konkretes Ziel. Achtung! Denken Sie daran: Das Ziel soll ein gewünschter Zustand sein, keine Aktivität.

3. Schreiben Sie das Ziel detailliert auf und vergleichen Sie es mit der SMART-Formel. Ist Ihr Ziel SMART? Wenn nötig, ändern Sie die Formulierung, ergänzen Sie etwas, nehmen Sie etwas weg, damit das Ziel SMART wird.

4. Erstellen Sie eine Liste mit allem, was Sie tun können, um das Ziel zu erreichen; mit anderen Worten: Notieren Sie den Weg zum Ziel. Überlegen Sie: Was können Sie heute tun, was morgen, nächste Woche, was in einem Monat? Und so weiter, bis das Ziel erreicht ist.

5. Wandeln Sie die Liste jetzt in einen Handlungsplan um. Dieser Plan muss angeben:

- Was Sie tun müssen.
- Wie Sie es tun müssen.
- Wann Sie es tun müssen.
- Welche Ressourcen (Zeit, Geld, Ausrüstung, Unterstützung durch Freunde, Kenntnisse usw.) brauchen Sie?
- Zeitpunkt: Wann ist das Ziel erreicht?

6. Machen Sie eines nach dem anderen (ein Treffen verabreden, einen Anruf tätigen ...).

7. Tun Sie jeden Tag etwas, um das Ziel zu erreichen, selbst wenn es manchmal nur wenig ist oder symbolisch bleibt.

8. Arbeiten Sie regelmäßig daran und stimmen Sie die Arbeit darauf ab, Ihr Ziel zu erreichen. Ändern Sie die Methode, falls das nötig ist. Gehen Sie ruhig einen Schritt zurück und lesen Sie noch einmal durch, was alles nötig ist, um das Ziel zu erreichen.

Fallstricke

Schließlich und endlich ist es wichtig und gut, die üblichen Fallen zu kennen, die verhindern, dass Sie Ihr Ziel erreichen. Lesen Sie und überlegen Sie, ob diese auf Sie zutreffen:

- Eigentlich wollen Sie das Ziel nicht erreichen, das Ziel ist in Wahrheit für Sie überhaupt nicht erstrebenswert.
- Sie sind nicht bereit, den nötigen Preis zu bezahlen, um das Ziel zu erreichen, die Anstrengung ist Ihnen zu viel.
- Es sind zu viele Ziele, die erreicht werden müssen, oder sie sind zu schwer zu bewältigen.
- Sie wechseln die ganze Zeit das Ziel und schaffen nicht, eines zu erreichen, weil Ihnen schon wieder ein neues eingefallen ist.

Wenn davon etwas auf Sie zutrifft, sollten Sie das Folgende genau überlegen:

1. Woran liegt es, dass Sie in dieser Falle gelandet sind?
2. Was müssen Sie tun, um eine Änderung herbeizuführen?
3. Entscheiden Sie sich, die Änderungen auszuführen, und ...
4. ... tun Sie das!

Ihre eigene Zielplanung

Wählen Sie etwa drei Ziele aus, die Sie erreichen wollen. Entweder können Sie ein Ziel für jedes Gebiet auswählen (geistig, sozial ... siehe oben) oder Sie können sich auf zwei besondere, dringliche Ziele innerhalb desselben Gebiets konzentrieren. Wichtig ist, dass Sie durchdacht haben, welche Ziele wichtig sind und warum Sie ausgerechnet diese erreichen wollen. Folgen Sie dann wie in »Schritt für Schritt ein Ziel aufstellen« beschrieben den acht Schritten. Benutzen Sie das Muster auf den nächsten Seiten für jedes Ziel.

Muster für die Zielplanung

1. Schritt
Entscheiden Sie sich für ein Ziel (geistig, sozial ...):

_____

_____

_____

Gegenwärtige Situation:

_____

_____

_____

Erwünschte Situation:

_____

_____

_____

2. und 3. Schritt
Mein SMART(es) Ziel (so formulieren, als sei es schon eingetroffen, nicht wie eine zukünftige Aktivität):

_____

_____

_____

Ziel ist erreicht (Datum):

_____

4. Schritt
Folgendes kann ich tun, um mein Ziel zu erreichen:

_____

_____

_____

_____

_____

_____

Um mein Ziel zu erreichen, kann ich in der nächsten Zeit Folgendes tun:
Heute kann ich:

_____

_____

Morgen kann ich:

_____

_____

In dieser Woche kann ich:

_____

_____

Innerhalb eines Monats kann ich:

_____

_____

5. Schritt
Handlungsplan
Folgendes muss ich tun, um mein Ziel zu erreichen:

_____

_____

_____

_____

Ganz praktisch werde ich Folgendes tun:

_____

_____

_____

_____

Ich tue es bei diesen Gelegenheiten (notiere es in meinem Kalender):

_____

_____

_____

_____

_____

Folgende Ressourcen brauche ich, um es tun zu können:

_____

_____

_____

_____

Zeit (wie viele Stunden, Tage):

_____

_____

_____

_____

Geld:

_____

_____

_____

_____

Ausrüstung, Sachen und übrige Ressourcen:

_____

_____

_____

_____

Kenntnisse und Informationen:

_____

_____

_____

_____

_____

Ich bekomme Unterstützung/Hilfe/Rat von:

_____

_____

_____

_____

6. Schritt
Das kann ich sofort tun:

_____

_____

_____

_____

... und das mache ich jetzt auf der Stelle!

7. Schritt

Ich tue jeden Tag etwas, auch wenn es manchmal nur ganz wenig oder nur etwas Symbolisches ist. Ein Beispiel für etwas, das ich jeden Tag tue, um mein Ziel zu erreichen:

_____

_____

_____

_____

_____

8. Schritt

So begleite ich regelmäßig meine Arbeit auf das Ziel hin und kontrolliere meine Fortschritte:

_____

_____

_____

_____

_____

16 Stress und wie Stress entsteht

Der Stress, dem Sie in Ihrem Leben ausgesetzt sind, entsteht auf zweierlei Weise. Erstens wird er durch sogenannten äußeren Stress verursacht. Das betrifft alles in Ihrer Umgebung, was stressig ist, zum Beispiel die Anforderungen, die andere an Sie und Ihre Arbeit richten. Wenn die Menschen in Ihrer Umgebung von Ihnen erwarten, dass Sie eine bestimmte Aufgabe in einem bestimmten Zeitraum oder auf eine bestimmte Weise schaffen, sogenannte Deadlines und dergleichen mehr – das alles ist äußerer Stress.

Zweitens gibt es inneren Stress. Der entsteht aus Ihren eigenen Erwartungen und den Forderungen, die Sie an sich haben, dazu gehören Ihre Ängste und wie Sie unterschiedliche Situationen auffassen und damit umgehen.

Sie sind gestresst, wenn die Forderungen, die Sie an sich richten, sehr hoch sind oder wenn Sie es mit etwas zu tun bekommen, wovor Sie Angst haben. Wenn Sie Angst haben, vor großem Publikum eine Rede zu halten, erzeugt eine solche Aufgabe bei Ihnen inneren Stress. Genau dasselbe gilt, wenn Sie meinen, was Sie tun, »müsse einfach irre gut« werden oder »am besten«. Bei diesem inneren Stress handelt es sich also um Ihre Einstellung und um das, wovor Sie sich fürchten. Innerer Stress hängt auch davon ab, wie Sie unterschiedliche Situationen auffassen und wie Sie darauf reagieren. Manchmal sind Sie vielleicht schon supergestresst, nur weil Sie bei einem wichtigen Meeting zu spät kommen, während Sie bei einer anderen Gelegenheit ein noch wichtigeres Meeting verpassen, ohne dass Sie sich gestresst fühlen. Wie Sie reagieren, hängt also davon ab, wie Sie Situationen auslegen, und das ist Ihre Entscheidung. Zwischen einem Geschehen und Ihrer Reaktion liegt folglich Ihre spezifische Auslegung.

Mich amüsiert immer wieder, wenn ich beobachte, wie unterschiedlich Menschen auf dieselbe Situation reagieren. Gut geeignet, um das zu studieren, sind die öffentlichen Verkehrsmittel. Ich wohnte vor einigen Jahren an einer U-Bahnstrecke, an der über einen längeren Zeitraum Reparaturarbeiten durchgeführt wurden. Deshalb kam es fast täglich zu Verspätungen. Ich hatte trainiert, mich dafür zu »entscheiden«, dass ich gelassen darauf reagieren würde, wenn ich zum Beispiel auf dem Bahnsteig warten musste oder der Zug plötzlich anhielt. Sich in solchen Situation zu beherrschen und gelassen zu bleiben ist sehr viel angenehmer, als wenn einem »der Hut hochgeht«. Jedes Mal kramte wenigstens einer mit hochrotem Kopf sein Handy hervor und telefonierte lautstark mit seinem Büro. Wenn sich jemand so aufregt, erlebt der Betreffende ganz offenkundig die Situation so, als sei das Ganze gegen ihn persönlich gerichtet. Diese Menschen reagieren, als wären sie allein davon betroffen, und außerdem ereifern sie sich über etwas, das sie nicht beeinflussen können. Bis sie an ihrem jeweiligen Ziel angekommen sind, werden sie dermaßen schlecht gelaunt sein, dass ihnen der ganze Tag vermiest ist.

Es ist ganz wunderbar, sich gegen solchen reflexartigen Stress zu entscheiden, ihn einfach abzuwählen. Ich kann mich ohne Probleme in diesen Menschen wiedererkennen, die sich so aufregen, denn ich bin genauso gewesen. Heute muss ich fast lachen, wenn ich die Überreaktion von Leuten bei banalen Sachen wie verspäteten Bussen und Ähnlichem erlebe. Das brauchen wir in unserem Leben wirklich nicht auch noch. Es reicht schon so, mit all dem anderen Stress.

Reduzieren Sie Ihren inneren Stress

Es gibt zwei Möglichkeiten, Ihren Stress zu verringern. Erstens können Sie den äußeren Stress reduzieren. Zum Beispiel können Sie davon Abstand nehmen, Aufgaben zu übernehmen, die Sie zu stark fordern. Sie können um Hilfe bitten, wenn Sie merken, Sie schaffen etwas nicht. Sie können eine ruhigere Arbeit erledigen und von Ihrer Umgebung verlangen, weniger Druck auf Sie auszuüben.

Den inneren Stress zu verringern heißt letztendlich, ein inneres Gleichgewicht zu erreichen. Sie sollen üben und **lernen, Situationen so auszulegen, dass Sie von ihnen nicht gestresst werden.** Entscheidend dafür, ob eine Situation Sie stresst oder nicht, ist, wie Sie die Situation interpretieren und wie Sie dann reagieren. Vermutlich finden Sie inzwischen, dass ich es langsam ein bisschen übertreibe, aber ich wiederhole trotzdem: Selbstwertgefühl! Um auf einer tieferen Ebene mit dem Stress zurechtzukommen, müssen Sie in erster Linie Ihren inneren Stress beherrschen lernen. Wenn Ihr Selbstwertgefühl stark und ausgeglichen ist, setzen Sie sich nicht selbst mit hohen Leistungsanforderungen unter Druck. Dann sind Sie einfach mit sich zufrieden. Dann legen Sie Situationen nicht mehr zu Ihren Ungunsten aus, als trügen Sie die Schuld. Und dann müssen Sie es nicht persönlich nehmen, wenn sich etwas nicht so entwickelt, wie Sie es sich vorgestellt haben.

Es ist vollkommen sinnlos, unsere Zeit hier auf der Erde zu verschwenden, indem wir uns Sorgen über Sachen machen, die noch nicht passiert sind. Ein Geschehen muss doch von uns nicht mehr als einmal betrauert werden – oder? Nach meiner Überzeugung beruht der meiste Stress auf zu geringem Selbstwertgefühl und auf selbstbezogener Furcht.

Ich treffe häufig Frauen in Top-Positionen, die sehr engagiert sind. Mir gefallen diese aktiven Frauen, sie sehen zu, dass die Dinge in Bewegung kommen, und sie übernehmen Verantwortung für ihr eigenes Leben. Wenn so eine Frau mich als Coach aufsucht, kommen wir gewöhnlich sehr schnell auf Wörter wie »Perfektionismus«. Es ist sehr wichtig, sich daran zu erinnern, dass niemand perfekt ist. Wir können einfach nie perfekt werden! Stellen Sie sich doch vor, wie schrecklich es wäre, mit einem perfekten Menschen zusammenzuleben! Oder wenn Ihre Eltern perfekt wären! Und was beinhaltet denn dieses »perfekt«? Das, was für ein Individuum perfekt ist, muss es für ein anderes doch gar nicht sein. Die Auffassung davon, was perfekt ist, unterscheidet sich zwischen Individuen, Situationen und Kulturen erheblich. Jemand hat einmal gesagt, beliebt seien wir wegen unserer wunderbaren Eigenschaften, aber für unsere Unzulänglichkeiten würden wir geliebt. Das sollte man sich regelmäßig in Erinnerung rufen!

Wenn Sie ein Perfektionist sind, dann weiß ich, dass Sie sich oft gestresst und unzulänglich fühlen. Töten Sie den Perfektionisten in sich! Das soll heißen, seien Sie etwas netter zu sich. Gestatten Sie sich, manchmal über Ihre Irrtümer zu lachen. Meistens geht es dabei ja nicht um Leben oder Tod. Und denken Sie daran: Was macht denn so ein kleiner Schnitzer in hundert Jahren?

Sorgfalt ist eine gute Eigenschaft, manchmal sogar lebenswichtig, zum Beispiel in Berufen, in denen Präzision entscheidend ist. Piloten oder Neurochirurgen sollten genau sein. Aber Perfektionismus ist etwas anderes. Perfektionisten pflegen bei jeder Bagatelle genau zu sein, und das schafft eine angespannte Atmosphäre. Perfektionisten in der unmittelbaren Umgebung zu haben, kann äußerst zermürbend sein. Trainieren Sie deshalb, sich zu sagen, dass Sie gut genug sind, so wie Sie sind, und dass Sie keinesfalls nach Perfektion streben.

17 Effektivität

Einige Jahre arbeitete ich als Kellnerin. In dem Beruf lernte ich viel, sowohl über Menschen wie über Effektivität. Bei meinem ersten Job in einem Restaurant sagte eine altgediente Kellnerin zu mir: »Was man nicht im Kopf hat, hat man in den Beinen.« Sie wollte damit sagen, eine Kellnerin macht keinen Schritt mit leeren Händen. »Okay«, antwortete ich etwas erschrocken und hoffte, dass ich das nicht vergessen würde. Diese Ermahnung hat mir in meinem Leben in vielen anderen Zusammenhängen genutzt. Effektives Planen ist das A und O. Weiter zu denken als bis zur Nasenspitze, aber auch nicht zu weit voraus. Manchmal treffe ich Menschen, die vor lauter Angst, eine falsche Entscheidung zu treffen, gar keine treffen. Sie versuchen jeglichem Beschluss überhaupt aus dem Wege zu gehen. Aber natürlich ist das auch eine Weise, Beschlüsse zu fassen: abwarten, bis man keine Wahl mehr hat. Dann kann einen nämlich niemand beschuldigen, falsch entschieden zu haben. Ein solches Verhalten bringt gewöhnlich wenig Gutes.

Auf der anderen Seite sollte man auch nie Entscheidungen treffen, ohne vorher abzuwägen. Ein Mann, den ich gecoacht habe, hat das in eine Art Mantra gefasst, das er ARA nennt und immer abspult: »Anhalten – Reagieren – Agieren.« Er benutzt es, um nicht zu emotional oder zu impulsiv Entscheidungen zu treffen, und das ist gut.

Zeitplanung

Zeit ist Mangelware, darüber herrscht allgemein Einigkeit. Aber es stimmt nicht! Von einem guten Freund mit viel Erfahrung, mit dem ich gern zusammenarbeite, habe ich gelernt, dass in

Schweden die durchschnittliche Länge eines Lebens 30.000 Tage oder 720.000 Stunden beträgt. Das heißt aber doch, dass die Zeit eigentlich keine Mangelware ist. Es geht vielmehr darum, wie wir unsere Zeit planen und nutzen! Ihr Zeitmangel kann zum Beispiel daran liegen, dass Sie:

- faul und bequem sind.
- falsch arbeiten und zu viel Zeit für die falschen Sachen aufwenden.
- Sachen aufschieben, bis Sie am Schluss zu viel in zu kurzer Zeit machen müssen.
- nicht genug Schlaf und Energie bekommen, weshalb Sie die Zeit nicht gut genug nutzen können.
- Gewohnheiten und Rituale haben, die zu viel Zeit kosten.
- Ihre Zeit nicht durchgeplant haben.
- schwer in Gang kommen, weshalb Sachen mehr Zeit brauchen, als sie eigentlich müssten.

Erkennen Sie sich wieder? Nachdem ich mich jetzt richtig gut kennengelernt hatte, wusste ich, dass ich vielleicht in meinem Kalender Termine streichen musste, um dieses Buch zu schreiben. Das tat ich, sah aber sehr schnell ein, dass es wohl am besten sein würde, über Weihnachten für einige Wochen zu verreisen, um mich ganz auf das Schreiben zu konzentrieren. Aber trotz der sehr präzisen Planung (ich will schließlich das leben, was ich anderen beibringe), war es alles andere als einfach, daran festzuhalten. Wenn ich schreiben sollte, fand ich, dass ich mir unbedingt etwas gönnen müsste, am liebsten etwas zu essen. Ziemlich schnell merkte ich, dass ich nicht zu viel Schokolade oder Eis essen durfte, denn nach zu viel Zucker wurde ich müde und schlief einfach auf dem Sofa ein. Oder eines Tages, als ich mich an den Computer setzen und schreiben sollte, fand ich, ich müsste unbedingt den Ofen saubermachen (ich hasse es, den Ofen sauberzumachen, das tue ich normalerweise nur höchst ungern). Ich habe den Verdacht, dass sich viele wiedererkennen werden. Die banalsten Tätigkeiten können sich einem bei einer wichtigen und anstrengenden Aufgabe in den Weg stellen! Ich habe von vielen Autoren gehört, dass sie manchmal sehr erleichtert sind, wenn das Telefon klingelt, weil sie dann für eine gewisse Zeitspanne nicht schreiben »müssen«. Kaum jemand ist offenbar so aufs Schwatzen erpicht wie ein Autor beim Schreiben eines Buchs.

Um effektiv zu sein und ausreichend Zeit zu haben, müssen wir uns disziplinieren. Das können wir zum Beispiel tun, indem wir die Ursachen des Zeitmangels, wie ich sie oben aufgezählt habe, umkehren. Wir können sie stattdessen als eine kleine Checkliste benutzen, um dem Zeitmangel zu entgehen.

Um ausreichend Zeit zu bekommen, können Sie deshalb dafür sorgen, dass

- Sie konsequent sind und das tun, was Sie sollen, wenn Sie es tun sollen.
- Sie »richtig« arbeiten und damit Zeit gewinnen.
- Sie sofort tun, was Sie tun können, und die Aufgaben gar nicht erst »auf Halde« legen.
- Sie sorgsam mit Ihrem Schlaf sind und regelmäßig essen und trainieren, damit Sie Energie bekommen und Ihre Zeit auch wirklich nutzen können.
- Sie Routinen einrichten, die für zeitliche Effektivität sorgen, und im Gegenzug mit Gewohnheiten brechen, die zu viel Zeit in Anspruch nehmen.
- Sie Ihre Zeit durchplanen.
- Sie Tricks finden, um so schnell wie möglich loszulegen und um den Anteil »toter Zeit« zu verringern.

Man kann seine Ziele auch visualisieren, indem man sich die Frage stellt: Was für ein Gefühl wird das sein, wenn dieses Projekt, diese Aufgabe usw. fertig sein wird?

Was für ein Gefühl wird es sein, abends nach Hause zu kommen, wenn Sie tagsüber effektiv gearbeitet haben?

Wenn Sie das Gefühl gefunden haben, können Sie weitergehen zur nächsten Frage: Was können Sie im Moment tun, damit sich schon heute Abend dieses Gefühl von Stolz und Arbeitskraft einstellen kann?

Die Antwort lautet selbstverständlich: Effektiv arbeiten!

Planen und Prioritäten setzen

Sie müssen Ihre Tage durchplanen, um nicht länger unter »Zeitmangel« zu leiden und um nicht in Stress zu geraten oder Sachen in letzter Minute erledigen zu müssen. Ebenso wichtig ist es, bei der Zeiteinteilung Prioritäten zu setzen. Sie müssen Dinge abgeben. Wir müssen einfach akzeptieren, dass wir nicht genug Zeit haben, um alles zu tun, was wir gern tun würden. Deshalb liegt es in unserer Verantwortung, einen Teil der Dinge auszusortieren, damit wir auf jeden Fall das Wichtigste schaffen. Wenn Sie nichts abgeben, riskieren Sie, dass Sie nichts ordentlich machen, und dann stehen Sie mit einer Menge halber Sachen da.

Planung bedeutet ganz einfach, dass Sie:

- vorausschauen, über den Tag und die Woche hinausschauen.
- sich nicht zu viel für einen Tag vornehmen.
- Vorbereitungen einplanen vor Meetings und Arbeitsprojekten. (Ordentliche Vorbereitungen sparen Zeit.)
- für Zeit zwischen den Meetings sorgen und ein Treffen »auswerten«, ehe Sie am nächsten teilnehmen.
- genug Zeit einplanen, um bei verschiedenen Meetings von einem Ort zum anderen zu kommen.
- Freizeit wirklich einplanen, sonst besteht das Risiko, dass auch diese Zeit für den Job draufgeht.

Bei der Zeit Prioritäten zu setzen, kann bedeuten, dass Sie:

- feststellen, was Sie zuerst tun müssen ...
- ... und auch beschließen, was Sie anschließend tun werden.
- sich überlegen, was Sie gar nicht tun werden (wie im Internet surfen, tagträumen, einen Freund anrufen oder Süßigkeiten essen).
- beschließen, an welchen Meetings Sie nicht unbedingt teilnehmen müssen (und einen Teil sozialer Veranstaltungen dankend ablehnen, für die Sie nämlich einfach nicht genug Zeit haben).

- entscheiden, welche Gespräche und Mails warten können.
- festlegen, welche Menschen Sie nicht treffen müssen.

Planen und Prioritäten setzen wird, wie gesagt, verlangt. Erst dann merken Sie, dass Sie Ihr eigenes Leben unter Kontrolle haben und dass Sie Ihre Zeit tatsächlich nutzen und das tun, was Sie tun müssen. Um zu wagen, Prioritäten zu setzen, und das zu tun, was Sie tun müssen, sollten Sie aus zweierlei Gründen ein gutes Selbstwertgefühl haben: zum einen, um ohne schlechtes Gewissen oder Schuldgefühl Dinge abzugeben oder abzusagen. Zum anderen, um zu wagen, vor sich selbst Mängel und Schwächen einzugestehen, wie zum Beispiel eine falsche Art zu arbeiten. Oder Faulheit – wogegen Sie etwas unternehmen müssen.

Stress als Ursache von Zeitmangel

Eine Ursache von Zeitmangel und schlechter Zeiteinteilung ist Stress. Das mag komisch klingen, aber der Stress kann dazu führen, dass Sie die Kontrolle über Ihre Zeit verlieren. Denn wenn Sie gestresst sind, können Sie weniger gut nachdenken, planen und Ihre Zeit sinnvoll einteilen. Ein gestresstes Gehirn denkt ganz einfach nicht so klar wie ein entspanntes Gehirn. Außerdem kann zu viel Stress Sie mehr oder weniger handlungsunfähig machen. Unter Stress können Sie Ihre Aufgaben nicht genauso energisch angehen, wie wenn Sie entspannt sind. Um das zu vermeiden, müssen Sie die Kunst des »Hier und Jetzt« erlernen. Nicht den gestrigen Tag noch ein weiteres Mal durchkauen oder sich wegen des morgigen Tages Sorgen machen! Sich Sorgen zu machen heißt Zeit wegzuwerfen, die Sie stattdessen für etwas Sinnvolles nutzen könnten. Außerdem beeinflusst Unruhe unser Auffassungsvermögen. Jeder, der schon einmal versucht hat, an einen unruhigen Menschen heranzukommen, kann bezeugen, wie frustrierend das ist. Es ist gerade so, als wäre niemand zu Hause. Das kommt daher, weil die Fähigkeit zuzuhören und präsent zu sein durch die Unruhe wie blockiert ist. Als mir aufgefallen war, wie selbstbezogen unruhige Menschen im Grunde sind, beschloss ich, alles zu tun, um nicht so zu werden.

Effektivität ist kein Stress!

Um effektiv zu arbeiten, muss man gesammelt und konzentriert sein. Mit anderen Worten: Effektivität erfordert einen gesammelten und konzentrierten Menschen. Wenn Sie gestresst sind und sich kaum konzentrieren können, werden Sie ineffektiv. Wenn Sie es zu eilig haben und nachlässig sind, sinkt Ihre Effektivität. Effektivität ist nicht gleichbedeutend mit Eifer, sondern effektiv sind Sie, wenn Sie in entspanntem Rhythmus die richtigen Sachen in der richtigen Weise erledigen. Sobald Sie gestresst sind, sind Sie nicht in der Lage, Ihr gesamtes Potenzial zu nutzen. Zu viel von Ihrer Energie geht dann für den Stress drauf.

Es dreht sich also um Selbstdisziplin: darum, das zu tun, was Sie tun sollen, genau dann, wenn Sie es tun müssen. Wenn es dran ist. Effektivität ist keinesfalls dasselbe wie Stress und Eile, setzt aber doch Anstrengung voraus. Obwohl Sie das nicht richtig spüren. Das hängt mit Ihrem Selbstwertgefühl zusammen: Je besser Sie von sich denken, je mehr Sie sich mögen, umso leichter fällt es Ihnen, bei dem zu bleiben, wofür Sie sich entschieden hatten. Es geht um Selbstachtung.

Eine kleine Zusammenfassung

Um effektiv sein zu können, müssen Sie also:

- wissen, was Sie tun müssen.
- verstehen, wie Sie es tun müssen.
- ruhig und konzentriert sein.

- Selbstwertgefühl haben, um zu wagen, Dinge auf Ihre Weise in Ihrem Rhythmus zu tun.
- Selbstdisziplin besitzen, um die Dinge dann zu tun, wenn sie getan werden müssen.

Bei Effektivität denken wir zuerst an unser Berufsleben. Aber Effektivität kann man im Privatleben ebenfalls brauchen. Es ist wichtig, auch dort Prioritäten zu setzen. Beispielsweise sollte man ungesunden Beziehungen aus dem Weg gehen. Es gibt Menschen, die bei näherer Betrachtung nur Energie abziehen. Das kann daran liegen, dass sie immer negativ sind oder eifersüchtig oder dass sie Ihre Beziehung falsch verstehen. Vielleicht haben sie nie gelernt, dass man nicht nur nehmen kann, sondern auch geben muss. Genauso wie Kinder Zeit und Engagement von uns verlangen, braucht eine Liebesbeziehung ein gewisses Maß an »Arbeit«. Viele glauben, eine gute Liebesbeziehung »pflege sich von selbst«. Aber so ist das nicht. Eine Beziehung braucht genau wie alles andere in unserem Leben »Instandhaltung«. Aus unserem Zuhause und unseren Beziehungen beziehen wir lebensnotwendige Nahrung, sodass wir in die große Welt hinausgehen können. Deshalb müssen wir bisweilen die Freizeit aufwerten und vielleicht die Pflege unseres Zuhauses effektiver gestalten, um ausreichend Zeit zu bekommen für Nähe und Gemeinsamkeit mit denen, die wir lieben. Einige sollten vielleicht aus diesem Grund bei der Hausarbeit manchmal etwas kürzertreten, um Zeit für den anderen zu haben. Mit einem Herz voll Liebe zur Arbeit zu gehen, trägt dazu bei, dass wir unsere Arbeit mit lustvoller Energie erledigen. Dann kehren wir mit dem Gefühl nach Hause zurück, etwas für uns getan zu haben, was wiederum dazu führt, dass wir uns der Freizeit und unseren Beziehungen freudig und aus vollem Herzen widmen können. Arbeit und Liebe sind keine Gegenpole, die in ständigem Streit miteinander liegen. Arbeit und Liebe ergänzen einander. Deshalb müssen wir Zeit für beide einplanen, und bei effektiver Zeitplanung schaffen wir ohne unnötigen Stress beides, arbeiten und lieben.

18 Ihr persönliches Programm

Dieses Kapitel ist als Zusammenfassung und Wiederholung gedacht. Es soll Sie inspirieren, sich jeden Tag selbst den aufgeführten Punkten zu widmen. Wenn ich unterwegs bin zu Vorträgen, egal, ob in einem Gefängnis oder in einem schicken Kurszentrum, so will ich in erster Linie eines vermitteln: **Veränderung ist möglich.** Meine eigene Lebensgeschichte ist heute meine größte Kraft.

Zusammenfassung

Selbstwertgefühl ist das Bewusstsein vom Wert der eigenen Persönlichkeit. Selbstvertrauen ist das Vertrauen in die eigene Leistungsfähigkeit.

Mit gestärktem Selbstwertgefühl lebt es sich leichter. Denn dann ist es weniger wichtig, die Aufmerksamkeit aller zu bekommen, dann müssen nicht alle sehen, was ich tue und wer ich bin, denn ich habe ja gelernt, mich selbst zu bestätigen. Es ist deshalb noch lange nicht falsch, Komplimente zu mögen oder strebsam, kreativ und ehrgeizig zu sein. Aber die Motivation für das eigene Tun ist eine andere – und das ist entscheidend: Ich tue etwas nicht nur, damit andere mich mögen oder anerkennen. Sobald ich meine eigenen Voraussetzungen zur Grundlage nehme und aufhöre, mich mit anderen zu vergleichen – dann bin ich wahrhaftig und ehrlich und liebevoll zu mir selbst.

Ich selbst beeinflusse, wie es mir geht. Wenn ich mir dessen bewusst bin, kann ich die Opferrolle abwerfen.

Wenn ich von mir spreche, benutze ich nie das Wort schlecht. Ich kann einen Fehler machen, kann einen Irrtum begehen, aber deshalb bin ich kein schlechter Mensch. Ich suche mir meine Freunde sorgfältig aus und streiche destruktive Beziehungen aus meinem Leben.

Ich schaffe mir eine eigene Bestätigung, die ich so oft wie möglich anwende:

- Ich bin ein wertvoller Mensch.
- Ich bin gern ich.
- Ich bin stolz auf mich.
- Keiner ist besser, ich zu sein, als ich selbst.
- Ich bin okay und ich kann.
- Ich bin wichtig.
- Ich kann alles werden, was ich will.

Ich überlege mir, wie mein Leben aussehen würde:

- wenn ich den Mut hätte, klarer mit anderen Menschen zu kommunizieren.
- wenn ich bereit wäre, meine früheren Irrtümer anzunehmen und mir zu vergeben.
- wenn ich etwas mehr Mitgefühl mit mir selbst zeigen würde.
- wenn ich etwas zielstrebiger wäre, sowohl in der Arbeit wie in der Freizeit.
- wenn ich täglich trainierte, so zu leben, wie ich es für richtig halte.

Dann hätte ich ein gutes und ausgeglichenes Selbstwertgefühl!

Ich sehe mich im Spiegel an, sehe mir in die Augen und denke: Ich mag mich! Jeden Abend notiere ich mindestens zwei gute Eigenschaften von mir in ein Heft, und ich schreibe auch meine Fortschritte auf. Wenn es mal etwas schwieriger wird, blättere ich in dem Heft zurück, und dann merke ich, wie ich mich verändert habe. Ich trainiere mein Selbstwertgefühl und halte es sodann bei guter Kondition.

Ich übernehme Verantwortung für:

- mein eigenes Tun.
- meine Entscheidungen.
- die Erfüllung meiner Wünsche.
- die Wahl meines Partners.
- meinen Umgang mit anderen Menschen – am Arbeitsplatz und im Privatleben.
- die Sorgfalt meinem Körper gegenüber.
- mein eigenes Glück.

Ich vertraue meinem eigenen Urteil und bin weniger auf die Zustimmung anderer angewiesen. Ich warte nicht mehr auf die Bestätigung durch andere Menschen und bin bei dem, was ich leiste, weniger vom Lob anderer abhängig. Ich bin seltener wütend und bitter, weil viele meiner inneren Bedürfnisse zufriedengestellt sind. Meine Beziehungen zu anderen Menschen werden besser, ehrlicher und tiefer. Wenn ich mich selbst als einen tatkräftigen Menschen betrachte, der Verantwortung übernimmt, wird mein Leben automatisch reicher.

Und zu guter Letzt: Manchmal *mache* ich etwas nicht richtig. Aber ich *bin* immer richtig.

Meine Wahrheiten

Hier folgen nun einige von »meinen Wahrheiten«:

- Ich bin mein eigener Fürsprecher.
- Je mehr ich gebe, umso mehr kommt zu mir zurück.
- Selbstwertgefühl ist der Schlüssel zu positiver Veränderung.
- Ich muss nicht alles begreifen.
- Ich muss nicht recht haben.
- Ich muss nicht kämpfen und mich abrackern.

- Alle Menschen sehnen sich nach Weiterentwicklung.
- Mein eigenes Glück liegt in meinen Händen.
- Ich habe die Freiheit, mich zu entscheiden.
- Es gibt kein »du musst« oder »du solltest«.
- Je dankbarer ich bin, umso mehr erhalte ich, wofür ich dankbar sein kann.
- Andere Menschen sind keine Begrenzungen für mich.
- Verwirkliche deine Träume, ehe sie verblassen.
- Ich muss nicht alles unter Kontrolle haben.
- Niemand kann mir helfen, wenn ich mir nicht selbst helfe.
- Liebe ohne Ansprüche löst alle Probleme.
- Es ist wichtig, dass ich mich mit Menschen umgebe, die sich ebenfalls weiterentwickeln wollen.
- Vertrauen schafft Selbstvertrauen und Stärke.
- Es ist wichtig, dass ich mir selbst verzeihe.
- Manchmal ist zu viel vom Guten gerade genug.
- Ich kann selbst entscheiden, ob ich glücklich sein will.
- Chancen bekommen wir alle, aber wir müssen wagen, sie zu ergreifen.
- Meine Zukunft liegt in meinen Händen.

Eine Übung zu guter Letzt

Ich bin gut in:

_____

_____

_____

_____

_____

_____

_____

_____

Ich bin stolz, dass ich:

_____

_____

_____

_____

_____

_____

In einem Jahr will ich Folgendes sein:

_____

_____

_____

_____

_____

_____